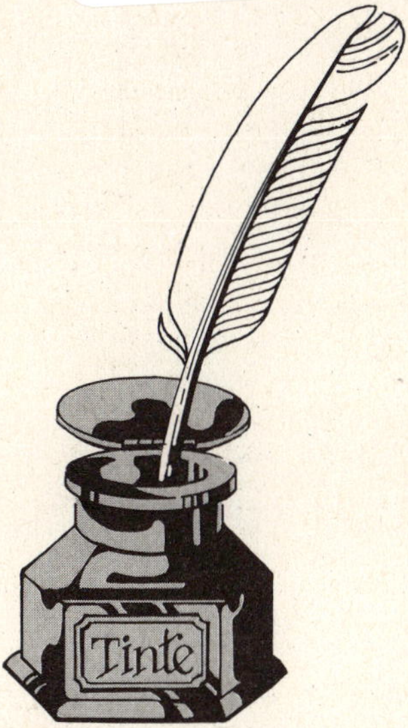

Dieses Merkbüchlein
verzeichnet
die Gedenktage von

meinem ersten

Dienen in der Kirche

am 13.11.1983

Merkbüchlein

Immerwährender Kalender
mit einem Lexikon der

Großen Namenspatrone

Jubiläumsausgabe

Herderbücherei

Buchumschlag: Willy Kretzer
Buchschmuck: Barbara Wieck-Kapferer

Herder Freiburg · Basel · Wien
Herstellung: Freiburger Graphische Betriebe 1982
ISBN 3-451-19493-7

Vorwort

Hans Jürgen Baden gibt in einem Herder-Taschenbuch[1] die Anregung, man solle sich zwei Kalender anschaffen – einen, in dem man die Termine notiert, die man nach der Erledigung wieder vergessen kann, und einen anderen, in dem man die Tage festhält, die einem ein Leben lang erinnernswert erscheinen. Diese Funktion erfüllt der folgende „Immerwährende Kalender". Er ist an Silvester nicht überholt, sondern sammelt von Jahr zu Jahr die Erinnerungen an lebenswendende Ereignisse, an Festtage von Verwandten und Bekannten, an Geburt und Heimgang in der Familie. So ruft er, wie eine Chronik viele schöne Stunden ins Gedächtnis zurück und sorgt auch dafür, daß wir keinen Tag übersehen, zu dem man von uns einen Glückwunsch oder ein Zeichen des Gedenkens erwartet. In diesem Sinne möchte das vorliegende Merkbüchlein ein Führer zu Ihrem persönlichen Festkreis sein.

Eines der schönsten und tröstlichsten Feste ist der Namenstag. Wenn mancher das heute nicht mehr so empfindet, liegt es vielleicht daran, daß er über die Heiligen, denen er durch seine Namenswahl anvertraut ist, kaum etwas weiß. Es trifft leider zu: Viele große Gestalten der Christenheit sind in Vergessenheit geraten. Alte Bräuche, die ihr Leben und Wirken im Jahreskreis gegenwärtig machten, sind aufgegeben worden. Und doch gilt, was Walter Nigg vor einem Jahrzehnt prophezeit hat. „Die Heiligen kommen wieder".[2] Das Interesse an ihnen wächst spürbar.

Fast 400 Heiligennamen nennt das beigegebene Lexikon (ab Seite 57). In aller Kürze erfährt man das Wichtigste über ihr Leben, aber auch über die Verehrung, die frühere Generationen ihnen entgegengebracht haben. Handfeste Erwartungen waren oft damit verbunden. Da gab es himmlische Helfer gegen Feuersbrunst und Viehpest, gegen Kindbettfieber und

---

[1] In: Grund zum Feiern. Herderbücherei Nr. 9545, Seite 36–38.

[2] So heißt sein bekanntestes Herderbücherei-Buch Nr. 468.

Kopfweh. Andere wurden von Zünften und Berufsständen als Patrone angerufen. Wie auch immer man heute darüber denken mag – sicher ist, daß unsere Namenspatrone tatkräftige Freunde sind, daß wir sie um ihre Hilfe bitten können, daß sie unser Vertrauen verdienen. *Darum* ist es ein guter Brauch, ihren Festtag zu feiern.
Von den 12 000 Heiligen und Seligen, die man rund um die Erde kennt und nennt, hat die Redaktion vor allem diejenigen ausgesucht und dargestellt, deren Verehrung von der Kirche für die ganze Welt oder für die Länder deutscher Sprache verpflichtend vorgeschrieben wurde. Bei der Wahl eines Taufnamens ist es wichtig zu wissen, daß auch mundartliche und moderne Namensprägungen oft auf alte Heiligennamen zurückgehen. Darauf verweist im Lexikon ein Pfeil. (↗)
Dieser Sonderband erscheint zum 25jährigen Bestehen der Herderbücherei. Seit 1957 sind mehr als 1000 Taschenbücher bei Herder erschienen. Neben einem umfangreichen religiösen Programm hat der Freiburger Taschenbuchverlag sich vor allem durch seine Beiträge zu allgemeinen Lebensfragen einen guten Namen gemacht.
Am Ende dieses Merkbüchleins (Seite 123) findet man von A bis Z die Themen, zu denen man derzeit in der Herderbücherei Rat und Hilfe findet. Alle diese Taschenbücher sind eigens für die Leser der Herderbücherei von verantwortungsbewußten und erfahrenen Psychologen und Pädagogen, Therapeuten und Seelsorgern geschrieben worden. Es lohnt sich daher, diesen Sonderband auch zur Hand zu nehmen, wenn man mit bestimmten Problemen nicht zurechtkommt. Welches Taschenbuch einen weiterbringen könnte – zum Preis einer Kinokarte! – das läßt sich in diesem Register rasch feststellen.
Die Bände der Herderbücherei bekommt man in jeder guten Buchhandlung. Sollte einmal ein Titel nicht vorrätig sein, so kann ihn der Buchhändler in kürzester Zeit und ohne jeden Aufpreis besorgen. Man braucht ihm nur die Nummer des gewünschten Taschenbuches zu nennen.
Wer sich übrigens notieren möchte, welche Bücher für ihn lebensbestimmend wurden, findet dafür auf Seite 122 ein eigenes Merkblatt.

Die Redaktion der Herderbücherei

Gott ist nahe, wo die Menschen einander Liebe zeigen.

JOHANN HEINRICH PESTALOZZI

Neujahr

1

2

3

4

5

Fest der Erscheinung des Herrn

6

7

8

9

10

11

12

13

14

15

16

17

18

19

20

21

22

23

24

25

26

27

28

29

30

31

Das Beste, was wir auf der Welt tun können, ist Gutes tun, fröhlich sein und die Spatzen pfeifen lassen. DON BOSCO

1

Mariä Lichtmeß

2

3

4

5

6

7

8

9

10

11

12

13

14

15

16

17

18

19

20

21

22

23

24

25

26

27

28

29

Durch das Leid hindurch, nicht am Leid vorbei, geht der Weg zur Freude. KARL BARTH

1

2

3

4

5

6

7

8

9

10

11

12

13

14

15

16

17

18

Josef

19

20

21

22

23

24

Mariä Verkündigung

25

26

27

28

29

30

31

Der auferstandene Christus macht das Leben der Menschen zu einem ununterbrochenen Fest. ATHANASIUS

1

2

3

4

5

6

7

8

9

10

11

12

13

14

15

16

17

18

19

20

21

22

23

24

25

26

27

28

29

30

Es gibt keine heile Welt, aber es gibt viel Heiles in der Welt.

UNBEKANNT

1

2

3

4

5

6

7

8

9

10

11

12

13

14

15

16

17

18

19

20

21

22

23

24

25

26

27

28

29

30

31

Gott ist ein Steuereinnehmer, der voll Erbarmen die Steuer selber bezahlt. SIGISMUND VON RADECKI

1

2

3

4

5

6

7

8

9

10

11

12

13

14

15

16

17

18

19

20

21

22

23

Johannes der Täufer

24

25

26

27

28

Peter und Paul

29

30

Das Schönste, was es in der Welt gibt, ist ein leuchtendes Gesicht.

ALBERT SCHWEITZER

1

2

3

4

5

6

7

8

9

10

11

12

13

14

15

16

17

18

19

20

21

22

23

24

25

26

27

28

29

30

31

Gott gab uns zwei Augen, damit wir manchmal eines zudrücken können. ADALBERT BALLING

1

2

3

4

5

6

7

8

9

10

11

12

13

14

Mariä Himmelfahrt

15

16

17

18

19

20

21

22

23

24

25

26

27

28

29

30

31

Wenn es in der Welt nicht so richtig klappt, dann deswegen, weil Gott, der Vater, so viele faule Knechte hat.

ERNST SCHNYDRIG

1

2

3

4

5

6

7

Mariä Geburt

8

9

10

11

Mariä Namen

12

13

14

15

16

17

18

19

20

21

22

23

24

25

26

27

28

29

30

Glaube ist der Vogel, welcher singt, auch wenn die Nacht noch dunkel ist. RABINDRANATH TAGORE

1

2

3

4

5

6

7

8

9

10

11

12

13

14

15

16

17

18

19

20

21

22

23

24

25

26

27

28

29

30

31

Ich glaube an die Sonne, auch wenn Nacht und Nebel die Erde bedecken. LÉON SUENENS

Allerheiligen

1

Allerseelen

2

3

4

5

6

7

8

9

10

Martin

11

12

13

14

15

16

17

18

19

20

21

22

23

24

25

26

27

28

29

30

Herr, schicke, was du willst,
ein Liebes oder Leides;
Ich bin vergnügt,
daß beides aus deinen Händen quillt.

EDUARD MÖRIKE

1

2

3

4

5

Nikolaus

6

7

8

9

10

11

12

13

14

15

16

17

18

19

20

21

22

23

24

Christi Geburt

25

Stephanus

26

27

28

29

30

Silvester

31

Lexikon der großen Namenspatrone

Verzeichnis des Lebens der Heiligen,
deren Verehrung von der Kirche für die ganze Welt
oder für die deutschsprachigen Länder vorgeschrieben ist,
ferner Heilige, die in mehreren Diözesen Deutschlands,
Österreichs und der Schweiz gefeiert werden.
Angaben der Namenstage nach dem neuesten Stand.

A

Achilleus ↗Nereus

Adalbert von Prag, Benediktinermönch, wirkte seit 983 als Bischof von Prag. Er erlitt bei der Missionierung der heidnischen Preußen am 23. April 997 den Märtyrertod und wurde in Gnesen beigesetzt und bereits im Jahre 999 von Papst Silvester II. heiliggesprochen. Dargestellt mit einem Adler, der seine Leiche bewacht oder als Bischof mit Keule und Lanze, manchmal auch mit Spieß und sieben Spitzen. Patron zur Erflehung fruchtbaren Regens. Fest 23. April.

Adam, Stammvater des Menschengeschlechts, erhielt von Gott ↗Eva zur Gefährtin. Dargestellt mit Fellen bekleidet, mit einem Apfel, dem Baum und der Schlange. Patron der Gärtner und der Schneider. Fest 24. Dezember.

Agatha, Märtyrin in Catania (Sizilien) im 3. Jahrhundert. Besonders in Süddeutschland wird am 5. Februar das Agatha-Brot geweiht. Patronin der Erzgießer, der Hof- und Bergarbeiter, Nothelferin gegen Brustkrankheiten. Fest 5. Februar.

Änne ↗Anna

Agnes, römische Märtyrin unter Diokletian oder Valerian. Ihre Verehrung geht schon bis ins 4. Jahrhundert zurück. Beigesetzt wurde sie an der Via Nomentana. Am Agnesfest werden in dieser Basilika zwei Lämmer gesegnet, aus deren Wolle die Pallien für die Erzbischöfe gefertigt werden. Fest am 21. Januar.

Albert d. Gr. (Albertus Magnus), wurde um 1200 in Lauingen geboren. 1223 trat er in Padua dem Predigerorden bei und kam bald nach Köln. Dozierte in Hildesheim, Freiburg im Breisgau, Regensburg, Straßburg und Paris. Zu seinen Schülern zählte der hl. ↗Thomas von Aquin. Er war von 1260/1262 Bischof von Regensburg, 1274 führender Theologe beim 2. Konzil von Lyon. Wirkte in Köln von 1270 bis zu seinem Tode am 15. November 1280. Seit 1622 wird er öffentlich verehrt, 1931 erhob ihn Pius XI. zum Heiligen und Kirchenlehrer, 1941 Pius XII. zum Patron der Naturforscher. Seine Reliquien ruhen in St. Andreas in Köln. Fest 15. November.

Albrecht ↗Albert, Adalbert

Alexander I., Bischof von Rom. Nach der römischen Bischofsliste war er der 5. Nachfolger des hl. ↗Petrus und regierte um 107–116. Er wird als Märtyrer verehrt. Fest 3. Mai.

Alfons von Liguori, entstammte einer alten Adelsfamilie und wurde am 27. September 1696 zu Marianella bei Neapel geboren, 1726 zum Priester geweiht. Er wirkte dreißig Jahre als gesuchter Volksmissionar und gründete 1731 den beschaulichen Orden der Redemptoristinnen und 1732 den Orden der Redemptoristen. Er wirkte von 1762–1775 segensreich als Bischof von S. Agata de' Goti. Starken Einfluß übte er durch seine moraltheologischen Schriften aus. Starb im Ruf der Heiligkeit im Kloster Pagani bei Neapel am 1. August 1787. Pius VII. sprach ihn 1816 selig, Gregor XVI. 1839 heilig. Pius IX. verlieh ihm 1871 den Titel eines Kirchenlehrers. Seit 1950 Patron der Beichtväter. Dargestellt als gebeugter Greis im schwarzen Ordensgewand mit Rosenkranz und Missionskreuz. Fest 1. August.

Aloysius von Gonzaga, geb. am 9. März 1568 zu Castiglione bei Mantua als ältester Sohn des Grafen von Gonzaga-Mantua. 1583 entschloß er sich, in den Orden der Gesellschaft Jesu einzutreten. Er war erfüllt von großer Bußstrenge und tiefer Frömmigkeit, wirkte in Rom bei einer Pestepidemie in der Krankenpflege und erlag am 21. Juni 1591 infolge Ansteckung dieser furchtbaren Krankheit. Sein Leib ruht in der Kirche St. Ignatius in Rom, sein Haupt in der Basilika seiner Heimatstadt Castiglione. 1605 wurde er selig-, 1726 heiliggesprochen, seit 1729 Patron der studierenden Jugend. Dargestellt mit Kreuz und Totenkopf, Rosenkranz und Lilie. Fest 21. Juni.

Ambrosius, Bischof von Mailand, einer der vier großen abendländischen Kirchenlehrer. Als Sohn des Präfekten von Gallien in Trier geboren, lebte nach dem Tode seines Vaters in Mailand und wurde dort 374 Bischof. Er zeichnete sich aus als hervorragender Theologe und als Kämpfer für die Freiheit der Kirche. Durch seine Predigten führte er

↗Augustinus zur Kirche zurück. Starb in Mailand am 4. April 397 und wurde unter dem Altar seiner Basilika beigesetzt. Dargestellt als Bischof mit Bienenkorb, Patron der Bienen und Bienenzüchter. Fest 7. Dezember.

Amrei ↗Anna-Maria

Andreas, Apostel, Bruder des hl. Petrus, geboren in Bethsaida, zunächst Jünger von ↗Johannes d. Täufer, begleitete den Herrn während seiner öffentlichen Wirksamkeit. Nach der Überlieferung wurde Andreas zu Patras am 30. November 60, während der Regierungszeit Neros, zum Tod am Kreuz mit Schrägbalken, dem sogenannten Andreaskreuz verurteilt. Seine Reliquien kamen 356 nach Byzanz, am 9. Mai 1208 nach Amalfi, das Haupt 1462 nach Rom. Er ist Patron der Bergleute. Das Andreaskreuz gilt als blitzabwehrend. Sein Festtag war Zahltag und Liefertermin. Fest am 30. November.

Andy ↗Andreas

Angela Merici, geboren am 1. März 1474 in Desenzano am Gardasee. Sie ist die Stifterin des Ursulinenordens, des berühmtesten weiblichen Lehrordens, 1537 wurde sie zur ersten Oberin gewählt. Starb am 27. Januar 1540 in Brescia, dort in St. Afra beigesetzt. Fest am 27. Januar.

Angelica ↗Angela.

Anita ↗Anna

Anja ↗Anna

Anka ↗Anna

Anna, Mutter Mariä. Ihre Verehrung ist seit dem 6. Jahrhundert im Orient, seit dem 8. Jahrhundert im Abendland lebendig. Patronin der Bergleute, der Schiffer, der Mütter. Viele Wallfahrtsorte sind ihr auch in Deutschland geweiht. Dargestellt zusammen mit Maria, der sie die Hl. Schrift erklärt. Das Bild „Anna Selbdritt“ zeigt Anna mit dem Jesuskind auf dem Arm, daneben stehend oder sitzend die Gottesmutter. Fest 26. Juli.

Anneliese ↗Anna, Elisabeth

Annemarie ↗Anna, Maria

Annette ↗Anna

Anno II., Hl., geboren 1010 aus schwäbischem Geschlecht, 1056 Erzbischof von Köln und Reichsverweser, gründete zahlreiche Klöster. Starb am 4. Dezember 1075 in Siegburg. Seine Reliquien befinden sich im kostbaren Annoschrein in Siegburg. Fest 5. Dezember.

Anselm von Canterbury, geboren 1033/34 in Aosta in Piemont, wurde Benediktinermönch, 1063 Prior und 1078 Abt zu Bec in der Normandie, 1093 von König Wilhelm II. von England zum Erzbischof von Canterbury berufen. Er wirkte für die Freiheit der Kirche im Sinne der Gregorianischen Reform. 1097 vom König verbannt. Er gilt als Vater der Scholastik und starb am 21. April 1109. Sein Grab befindet sich in der Kathedrale von Canterbury. Durch Papst Clemens XI. 1720 zum Kirchenlehrer ernannt. Fest 21. April.

Ansgar (Oskar), geboren 801 bei Corbie, wurde Benediktinermönch, 823 Lehrer an der Klosterschule in Corvey a. d. Weser, 832 Erzbischof von Hamburg–Bremen. Er missionierte 852/53 in Schweden und gewann König Olaf für den Glauben. In seinen letzten Lebensjahren leitete er von Bremen aus die Missionierung der nordischen Länder. Starb am 3. Februar 865 in Bremen. Er gilt als der Apostel des Nordens. Fest 3. Februar.

Antje ↗Anna

Antonius der Einsiedler, geboren 251/52 in Mittelägypten. Er verwirklichte das Herrenwort (Mt 19,11) „Willst Du vollkommen sein, dann verkaufe alles, was Du hast..." und zog sich als Einsiedler in die Libysche Wüste zurück, wo er viele Kämpfe mit Dämonen zu bestehen hatte. Er sammelte Jünger um sich und stärkte in der Verfolgung unter Maximinus Daza 308 die Christen in Alexandrien. Dann zog er sich wieder in die Wüste zurück. Er stand in lebendiger Beziehung mit vielen Persönlichkeiten seiner Zeit, u. a. mit Kaiser Konstantin d. Gr. Gegen Ende seines Lebens ging er auf Bitten seines Freundes, des hl. ↗Athanasius, nochmals nach Alexandrien, um die Arianer zu bekämpfen. Bald darauf starb er im Alter von 105 Jahren. Seine Verehrung wurde im Mittelalter besonders durch die Antoniter gepflegt. Zahlreiche Bruderschaften stellten sich unter seinen Schutz. Er galt als besonderer Patron gegen die Pest und andere ansteckende Krankheiten sowie als Patron der Haustiere (Segnung der Ställe am Antoniustag, besonders der Schweine, deshalb auch Patron der Schweinehirten, Metzger und Bürstenmacher.) Dargestellt mit dem Antoniusschwein, das auf fast keiner Antoniusdarstellung fehlt und ihm (im Unterschied vom hl. ↗Antonius von Padua) den Beinamen Antonius mit dem Schwein (Schweinetünnes) verschafft hat. Seine Reliquien ruhen heute in Arles. Fest 17. Januar.

Antonius Maria Claret, geboren 1807 in Sallent (Spanien), wurde 1835 Priester, wirkte seit 1843 als Volksmissionar, 1850 Erzbischof von Santiago de Cuba, gründete 1849 die Missionsgesellschaft der Söhne des Unbefleckten Herzens Mariä (Claretiner) und 1855 die Claretinerinnen. Er war ein hervorragender Prediger und verfaßte wertvolle aszetische Schriften. Starb am 14. Oktober 1870. 1950 heiliggesprochen. Fest 24. Oktober.

Antonius von Padua, Hl., Kirchenlehrer (seit 1946). Geboren 1195 zu Lissabon, trat 1210 bei den Chorherren des hl. Vincenz ein, wurde 1220 Franziskaner, guter Kenner der Hl. Schrift, wirkte besonders erfolgreich durch seine Predigten. Er starb am 13. Juni 1231 in Arcella bei Padua. 1232 wurde er kanonisiert. Im Beisein des hl. ↗Bonaventura wurden 1263 seine Gebeine erhoben und in der Basilika in Padua beigesetzt. Er zählt zu den Lieblingsheiligen des katholischen Volkes. Wiederbringer verlorener Sachen, Schutzpatron des Bergwerkes. Dargestellt mit Jesuskind und Lilie. Fest 13. Juni.

Anuschka ↗Anna

Athanasius d. Gr., Kirchenlehrer, geboren um 295 in Alexandrien, nahm am Konzil von Nizäa als Diakon seines Bischofs Alexander teil, wo er sich mutig gegen die „Gottlosigkeit" der Arianer aussprach. 328 wurde er zum Nachfolger Alexanders gewählt. Er war fast 50 Jahre der bedeutendste Verteidiger des nizänischen Glaubens, mußte fünfmal in die Verbannung gehen und über 17 Jahre im Exil leben. Er gehört zu den überragenden Gestalten der Kirchengeschichte und trägt mit Recht den Beinamen „der Große". Patron gegen Kopfweh. Fest 2. Mai.

Augustinus, Kirchenlehrer, geboren am 13. November 354 zu Tagaste (Numidien) als Sohn des Heiden Patricius und der Christin ↗Monika, studierte in Madaura und Karthago, wirkte später als Professor in Tagaste und Karthago. Durch den hl. ↗Ambrosius, Bischof von Mailand, erhielt er 387 die hl. Taufe. 391 Priesterweihe in Hippo, 396 Bischof von Hippo. Er wurde zum geistigen Führer des Abendlandes und gilt als einer der genialsten und einflußreichsten Theologen der Kirche, ein Bischof von lebendiger Gottes- und selbstloser Nächstenliebe. Er starb am 28. August 430. In seinen „Bekenntnissen", die einen ausgesprochenen persönlichen Charakter tragen, hat er uns die Grundlinien seines Lebens überliefert. Seine Reliquien ruhen in Pavia in der Augustinerkirche. Dargestellt als Bischof mit Buch oder Kreuz in der Hand, häufig auch mit pfeildurchbohrtem Herzen. Patron der Theologen und Buchdrucker. Fest 28. August.

B

Babette ↗Barbara, Elisabeth

Balthasar, einer der Weisen aus dem Morgenland. Fest 6. Januar.

Baptist ↗Johannes der Täufer

Barbara, gehört zu den Vierzehn Nothelfern. Nach der Überlieferung stammte sie aus Nikodemien und starb 306 als Märtyrin. Patronin gegen jähen Tod, Patronin der Bergleute, Beschützerin vor Gewitter und Feuersbrunst. Noch heute verbreiteter Volksbrauch ist der sogenannte Barbarazweig, der am 4. Dezember geschnitten wird und zu Weihnachten blüht. Fest 4. Dezember.

Barnabas, Beiname des Leviten Joseph, wurde mit Paulus für das Heidenapostolat bestimmt und wird in der Apostelgeschichte 14, 4 als Apostel bezeichnet. Missionierte in Antiochien am Orontes. Begleitete den hl. ↗Paulus auf der 1. Missionsreise. Die Apostelgeschichte berichtet über ihn in den Kapiteln 4, 9, 11–15. Fest 11. Juni.

Bartholomäus, Apostel, sehr wahrscheinlich mit Nathanael aus Kana in Galiläa identisch. Nach späteren Nachrichten predigte er u. a. in Indien und Armenien. Er wurde gemartert und enthauptet. Der Frankfurter Dom ist dem hl. Bartholomäus geweiht. Kaiser Otto III. brachte seine Hirnschale als Reliquie aus Rom nach Frankfurt. Bartholomäus wird als Wetterheiliger verehrt, auch Patron von Nervenleidenden und der Bergleute. Fest 24. August.

Basilius d. Gr., 329 in Cäsarea in Kappadozien geboren. Nach klassischen Studien ging er in die Einöde, wurde 370 Bischof von Cäsarea und Vater der griechischen Mönche. Durch seine theologischen Werke wurde er der große Kirchenlehrer des Morgenlandes. Starb am 1. Januar 379. Dargestellt im Bischofsgewand der griechischen Kirche mit einer Taube, dem Symbol des Hl. Geistes. Fest 2. Januar.

Bastel ↗Sebastian

Beatus, nach der Überlieferung der erste Glaubensbote in der Schweiz, der 112 starb. Er lebte in den Beatushöhlen am Thuner-See. Das höher gelegene Dorf Beatenberg, ein alter Wallfahrtsort, trägt seinen Namen. Patron der Schweiz und Schutzpatron gegen Pest und Krebs. Dargestellt als Einsiedler in einer Höhle mit einem Drachen, den er – nach der Legende – getötet hat. Fest 9. Mai.

Beda Venerabilis (der Ehrwürdige), geboren 672/673, Benediktinermönch, wurde 702 Priester. Er ist einer der einflußreichsten Theologen des frühen Mittelalters, dessen Werke das gesamte damalige Wissen umfaßten. Er wurde der geistige Vater der Gelehrten der karolingischen Renaissance. Bereits die Synode von Aachen 836 bezeichnete ihn als bewunderungswürdigen Lehrer. Starb am 26. Mai 735 im Kloster Jarrow. 1900 wurde er zum Kirchenlehrer erhoben. Fest 25. Mai.

Bellarmin ↗Robert Bellarmin

Benedikt von Nursia, Gründer des Benediktinerordens, geboren um 480 in Nursia in Umbrien aus adliger Familie. Studierte in Rom und zog sich dann in die Einsamkeit bei Subiaco zurück, wo er drei Jahre lang ein strenges Buß- und Gebetsleben führte. Er gründete in der Umgebung 12 Klöster und siedelte 529 nach Montecassino über, wo er seine Klosterregel verfaßte. Die Heiligkeit seines Lebens und seine Persönlichkeit zogen viele Jünger an. Montecassino wurde zu einem Zentrum des abendländischen Mönchtums und zur Gründungsstätte des Benediktinerordens. Benedikt starb am 21. März 547 und wurde in Montecassino begraben. Papst Gregor d. Gr. hat im zweiten Buch seiner „Dialoge" das Leben Benedikts geschildert. Pius XII. proklamierte ihn 1958 zum Schutzpatron des Abendlandes. Er ist auch der Patron der Höhlenforscher, der Schulkinder und besonders der Sterbenden. Fest 11. Juli.

Bengt ↗Benedikt

Beppo ↗Josef

Bernd ↗Bernhard

Bernhard von Baden, geboren um 1428 in Hohenbaden. Strebte in politischen und familiären Auseinandersetzungen nach Frieden. Nach einjähriger Regierung überließ er als Markgraf seinen Landesanteil Baden-Durlach seinem Bruder. Er starb auf einer Gesandtschaftsreise im Zusammenhang mit der Türkenabwehr an einer Seuche am 15. Juli 1458 in Moncalieri (Piemont). Bald nach seinem Tode entstand eine örtliche Verehrung, er wurde 1769 seliggesprochen. Patron von Baden. Besonders verehrt als Patron der Jugend und der Männer. Fest 15. Juli.

Bernhard von Clairvaux, geboren 1090 aus burgundischem Adel auf Schloß Fontaines, trat 1112 mit dreißig von ihm geworbenen Männern in das Reformkloster Cîteaux ein. Wirkte seit 1115 als Abt des neugegründeten Klosters Clairvaux. Durch seine überragende Persönlichkeit gelang es ihm, schon nach drei Jahren das erste Tochterkloster zu errichten, dem zu seinen Lebzeiten noch 68 weitere Neugründungen folgten. Deshalb gilt Bernhard als zweiter Stifter des Zisterzienserordens. Er war der größte Prediger des Mittelalters und hat entscheidend zur religiös-kirchlichen Erneuerung seiner Zeit beigetragen. Im Auftrag seines Schülers, des Papstes Eugen III., predigte er den zweiten Kreuzzug in Frankreich, Flandern und am Rhein. Körperliche und seelische Leiden, u.a. durch den Mißerfolg des von ihm propagierten Kreuzzuges, brachten ihm die letzte innere Reife. Er starb am 20. August 1153 zu Clairvaux. Bereits 1174 wurde er heiliggesprochen. 1830 erteilte ihm Pius VIII. den Titel eines Kirchenlehrers. Seine Frömmigkeit und Mystik wurden die Grundlage der späteren abendländischen Mystik. Sein Nachwirken ist gewaltig. Dargestellt als Zisterzienser mit einem Bienenkorb als Symbol seiner Beredsamkeit, auch mit dem Kreuz oder den Leidenswerkzeugen als Symbol seiner Leidensmystik. Er ist der Patron der Zisterzienser, von Burgund, Genua und Gibraltar. Wegen seines Beinamens (honigfließender Lehrer) verehren ihn besonders die Bienenzüchter und Wachszieher. Fest 20. August.

Bernhardin von Siena, geboren 8. September 1380, trat 1402 in den Franziskanerorden ein und wurde 1404 Priester. Wirkte seit 1417 als Volksprediger, von 1438–42 als Generalvikar seines Ordens. Er nahm am Konzil von Florenz teil. Als Prediger zählt Bernhardin zu den hervorragendsten seines Landes, machte sich besonders um die Verehrung der Gottesmutter, des hl. ↗Josef und des Namens Jesu verdient. Starb am 20. Mai 1444 in Aquila. 1450 heiliggesprochen. Er ist der Patron der italienischen Publizisten. Dargestellt als barfüßiger Franziskaner mit der Strahlensonne JHS. Er ist der Patron der Weber, wird angerufen bei Blutfluß, Brust- und Lungenkrankheiten. Fest 20. Mai.

Bernward von Hildesheim, geboren um 960, kam um 975 in die Domschule zu Hildesheim, wurde 987 Erzieher Ottos III., 993 Bischof von Hildesheim. Widmete sich als Freund der kirchlichen Reform, der Seelsorge und entfaltete ein reiches caritatives Wirken. Er starb am 20. November 1022. Als erster Sachse wurde er 1192 heiliggesprochen. Patron der Goldschmiede. Dargestellt als Bischof und Künstler mit Kelch und Kreuz. Fest 20. November.

Bettina ↗Elisabeth

Birgitta von Schweden, geboren um 1302/03 bei Uppsala. Ihrer Ehe entsprossen acht Kinder, darunter die spätere hl. Katharina von Schweden. Wegen ihrer Frömmigkeit und Nächstenliebe genoß sie bald großes Ansehen. Nach dem Tode ihres Gatten im Jahre 1344 ließ sie sich in dem Zisterzienserkloster Alvastra nieder, wo ihr zahlreiche Offenbarungen zuteil wurden. Sie gründete den Birgittenorden (1346). Um besser für ihre Neugründung wirken zu können, ging sie 1349 nach Rom und verbrachte die letzten Jahre ihres Lebens in Italien, wo sie am 23. Juli 1373 starb. Ihre Gebeine wurden nach Wadstena überführt. 1391 heiliggesprochen. Dargestellt mit Pilgerhut, auch mit Feder und Tintenfaß kniend vor einem Kreuz. Patronin der Pilger und für eine gute Todesstunde. Fest 23. Juli.

Blaise ↗Blasius

Blasius von Sebaste, wirkte als Bischof von Sebaste und erlitt wahrscheinlich unter Licinius um das Jahr 316 das Martyrium. Im Kerker soll er u. a. einen Knaben, dem durch eine Fischgräte der Erstickungstod drohte, geheilt haben. Die Verehrung des Heiligen läßt sich schon seit dem 6. Jahrhundert nachweisen. Reliquien kamen nach St. Blasien, Mainz, Trier, Paris und Ragusa, wo er Stadtpatron ist. Seit dem Spätmittelalter ist er einer der Vierzehn Nothelfer. Seit dem 16. Jahrhundert wird der Blasiussegen gegen Halskrankheiten am 3. Februar erteilt. Blasius ist Patron gegen Blutungen, Blasenkrankheiten, Pest und Zahnweh und gilt als Patron der Ärzte, Bäcker, Hutmacher und Musikanten, als Viehpatron schützt er besonders die Pferde. Fest 3. Februar.

Bob ↗Robert

Bonaventura, geboren 1217/18 bei Viterbo. Studierte in Paris, wo er 1243 in den Franziskanerorden eintrat. Er lehrte in Paris, wurde 1257 zum siebten General seines Ordens gewählt. 1273 machte ihn Gregor X. zum Kardinal. Er hatte entscheidenden Anteil an den Vorbereitungen zum zweiten Konzil von Lyon, besonders an den Unionsverhandlungen mit den Griechen und starb 14 Tage nach der Union am 15. Juli 1274 in Lyon. 1482 heiliggesprochen, 1588 erhielt er den Titel eines Kirchenlehrers. Leo X. bezeichnete ihn als den Fürsten unter den Mystikern. Patron der Franziskaner und der Theologen. Fest 15. Juli.

Bonifatius, Apostel der Deutschen, geboren 672/675 im Königreich Wessex. Ursprünglicher Name Winfried, wurde in den Benediktinerklöstern Exeter und Nursling seiner Heimat erzogen. Er wirkte zunächst als Leiter der Klosterschule in Nursling. Im Alter von 40 Jahren reiste er als Missionar zum Festland. Sein Missionsversuch bei den Friesen 716 scheiterte. Trotz seiner Wahl zum Abt von Nursling ging Bonifatius erneut in die Mission. Er bemühte sich um die Sendung des Papstes, wandte sich deshalb nach Rom, wo ihm Gregor II. den Namen Bonifatius gab und ihn mit der Heidenmission beauftragte. Er wirkte in Thüringen und Friesland, seit 721 unter den Hessen. 722 erhielt er die Bischofsweihe und leistete dem Papst den Treueid. Gleichzeitig suchte er Unterstützung bei Karl Martell, der ihm einen Schutzbrief ausstellte. Er setzte seine Hessenmission fort (Fällung der Donareiche in Geismar). Seit 725 wirkte er in Thüringen, 732 wurde er zum Erzbischof ernannt. Gründete mehrere Klöster und gewann zahlreiche Landsleute als Mitarbeiter. Auf seiner dritten Missionsreise erhielt er vom Papst den Auftrag, die Kirche in Deutschland zu ordnen und zu reformieren. Er legte die Grenzen der Bistümer fest. 754 missionierte Bonifatius nochmals in Friesland, wo er am 5. Juni 754 den Märtyrertod erlitt. Man hat ihn als den Grundleger des Abendlandes bezeichnet. Schon früh erhielt Bonifatius in Deutschland eine lebendige Verehrung, besonders in Fulda, auf dem Eichsfeld und in Mainz. Sein Grab fand er in der Krypta des Domes zu Fulda. Dargestellt als Bischof mit Beil, mit dem er die Donareiche fällt, auch mit Buch von einem Schwert durchstoßen. Patron der Bierbrauer und Schneider. Fest 5. Juni.

Börries ↗Liborius

Brigitta ↗Birgitta

Bruno der Kartäuser, um 1030 in Köln geboren. Er studierte in Reims und Köln, wo er zum Priester geweiht wurde. Wirkte anschließend als Kanonikus an St. Kunibert in Köln, seit 1057 als Leiter der Domschule in Reims und seit 1081 als Erzbischof von Reims. Er wurde verdrängt und ging in die Einsamkeit in die Nähe von Grenoble, wo er der Gründer des Kartäuserordens wurde. 1090 nach Rom berufen, erhielt er dort die abgelegene Kirche St. Cyriakus als Kartause. Er begleitete Papst Urban II. zu den Synoden nach Süditalien. Starb am 6. Oktober 1101 in S.-Stefano in Bosco. Fest 6. Oktober.

Bruno von Querfurt, 974 aus ostsächsischem Adel geboren, in Magdeburg Domschüler und Kanoniker. Als Hofkaplan begleitete er Otto II. 996–997 nach Rom, wurde 998 Mönch auf dem Aventin im Alexiuskloster, 1001 Schüler des hl. Eremiten ↗Romuald. 1003 ging er als Missionar nach Siebenbürgen, 1004 wurde er in Merseburg vom Magdeburger Erzbischof zum Missionserzbischof geweiht. 1005 wirkte er in Ungarn, 1007 in Südrußland, 1008 in Polen und entsandte einen Bischof nach Schweden. Bei der Missionierung der Preußen erlitt er in der ostpreußischen Landschaft Sudauen am 9. März 1009 mit 18 Gefährten den Märtyrertod. Fest 9. März.

C

Cäcilia (Cille), gehört zu den ältesten Heiligengestalten der Kirche. Nach der Legende war sie eine vornehme Christin aus Rom. Sie bekehrte den Heiden Valerian, der vergebens um ihre Hand anhielt und dessen Bruder zum Christentum. Mit diesem Brüderpaar wurde sie um des Glaubens willen enthauptet. Ihr Leib ruht in der ihr geweihten Kirche in Rom. Sie ist seit dem Mittelalter Patronin der Kirchenmusik. In der Calixtuskatakombe ist die Grotte der hl. Cäcilia. Dargestellt mit Musikinstrumenten. Fest 22. November.

Carlos ↗Karl

Charles ↗Karl

Charlotte ↗Karl

Cecilie ↗Cäcilia

Christoph (Christophorus), Märtyrer. Bekannt ist nur sein Name und sein Martyrium (unter Kaiser Decius um 250). Er ist einer der volkstümlichen Heiligen und gehört zu den Vierzehn Nothelfern. Schon 452 wurde ihm in Chalzedon eine Kirche geweiht. Er wird angerufen gegen Pest und unbußfertigen Tod. Patron der Schiffer, der Pilger und Reisenden und der Autofahrer. In Frankreich Patron der Festungen, in England gegen Gewitter und Hagelschlag. Bergwerkspatron, Schutzheiliger der Gärtner. Er wird in vielen Wallfahrtsorten verehrt. Dargestellt mit einem Baum in der Hand als Riese, der das Jesuskind durch den Fluß trägt. Fest 24. Juli.

Claire ↗Klara

Clara ↗Klara

Conny ↗Konrad

Cyrill, Apostel der Slawen, geboren 826 in Thessalonike. Missionierte mit seinem Bruder, dem hl. ↗Methodius, seit 863 in Mähren. Er übersetzte die Hl. Schrift und mehrere liturgische Bücher ins Slawische. Starb am 14. Februar 869 in Rom. Sein Grab befindet sich in der Kirche S.-Clemente in Rom. Patron gegen Gewitter. Fest 14. Februar.

Cyrill von Alexandrien, stammte aus vornehmer Familie in Alexandrien, wo er 412 Bischof wurde. Er leitete das Konzil von Ephesus 431. Dort vertrat er siegreich die Gottesmutterschaft Mariens gegen Nestorius, wurde daher 1882 zum Kirchenlehrer erhoben. Starb am 27. Juni 444. Fest 27. Juni.

Cyrill von Jerusalem, geboren um 313, wirkte seit 348 als Bischof von Jerusalem und wurde wegen seines Glaubens dreimal verbannt. Erst 378 konnte er nach Jerusalem zurückkehren. Bedeutsam sind seine 23 Katechesen, eine Einführung in die Glaubenswelt für die Taufbewerber. Sie legen Zeugnis ab von der frühchristlichen Lehre über die Sakramente. Er starb am 18. März 387. 1882 zum Kirchenlehrer erhoben. Fest 18. März.

D

Damasus I., geboren um 305, ging als Diakon des Papstes Liberius in die Verbannung. Regierte als Papst die Kirche von 366–384. Wir verdanken ihm wertvolle Nachrichten über die Katakomben. Die von ihm angelegten beschrifteten Marmorplatten geben Zeugnis vom Glauben der ersten Jahrhunderte. Das 1. Konzil von Konstantinopel von 381 fiel in seine Regierungszeit. Er starb am 11. Dezember 384. Patron gegen Fieber. Fest 11. Dezember.

Damian, Märtyrer, Zwillingsbruder des hl. ↗Kosmas.

Daniel, Prophet aus dem Stamme Juda, kam im jugendlichen Alter 605 v. Chr. in die Gefangenschaft nach Babel, wo er am königlichen Hof erzogen wurde und zu hohen Ämtern emporstieg. Hauptgestalt des Buches Daniel. Seit Beginn der christlichen Kunst finden sich Daniel-Themen häufig, besonders Daniel in der Löwengrube. Er ist seit dem Mittelalter der Patron des Bergbaus und der Bergleute. Fest 21. Juli.

David, jüngster Sohn des Isai (Jesse), lebte um 1000 v. Chr., kam als Knabe an den Hof von König Saul, besiegte im Zweikampf den Riesen Goliath, herrschte seit 1004 als König über ganz Israel. Er ließ um 1002 die Bundeslade auf den Berg Sion bringen. Starb 971 vor Christus. Dargestellt als königlicher Sänger mit der Harfe. Patron der Dichter, der Musiker und Meistersinger. Im alpinen Raum auch Bergwerkspatron. Fest 29. Dezember.

Denis ↗Dionysius

Dionysius, Bischof von Paris, Märtyrer. Er wurde von Rom mit seinen Gefährten dem hl. Rusticus und Eleutherius zur Missionierung nach Paris geschickt und unter Kaiser Decius enthauptet. 6 km vor Paris wurden sie bestattet. Der hl. Gregor von Tours berichtet von der Kirche über dem Grab und den Wundern. Der Heilige ist ein Patron Frankreichs. Dargestellt mit abgeschlagenem Haupte (soll mit seinem Haupt in den Händen bis zu der Stelle gegangen sein, wo später die Abtei St. Denis erbaut wurde). Fest 9. Oktober.

Dominikus, Gründer des Dominikanerordens, um 1170 in Kastilien geboren. Nach philosophischen und theologischen Studien wurde er Mitglied und 1201 Subprior des Domstiftes zu Osma. Lernte auf einer Reise nach Rom mit seinem bischöflichen Freund Didacus von Azevedo in Südfrankreich die Irrlehre der Waldenser und Albigenser kennen. Zu ihrer Bekehrung gründete Didacus bei Toulouse eine Missionsstation. Nach dem Tode des Bischofs übernahm Dominikus die Leitung. 1215 sammelte er eine Gemeinschaft von Predigern, die sich ganz der Häretikermission widmeten. Die Brüder sollten auf ein festes Einkommen verzichten und vom Betteln leben. 1216 erfolgte die Bestätigung des neuen Ordens. Der Papst verlieh ihm den Namen „Predigerbrüder". Sie erhielten besondere Privilegien zur Predigt und zum Beichthören. Dominikus verbreitete seinen Orden mit großem Organisationstalent in Frankreich, Spanien, Italien, Ungarn, Deutschland und England. Er verband in seinem Orden das beschauliche mit dem aktiven Leben und reformierte so die Seelsorge. Am 6. August 1221 starb er in Bologna. Grab in der dortigen Dominikanerkirche. Papst Gregor IX. sprach ihn 1234 heilig. Dargestellt als Dominikaner mit weißem Habit und schwarzem Mantel mit Rosenkranz. Patron des Dominikanerordens, besonders angerufen gegen Fieber. Fest 8. August.

Doris ↗Dorothea

Dorothea, Jungfrau und Märtyrin unter Diokletian. Sie ist die Patronin der Wöchnerinnen und Bergleute. Fest 6. Februar.

Dorte ↗Dorothea

E

Elisabeth von Portugal, geboren um 1270. Großnichte der hl. ↗Elisabeth von Thüringen. Sie gründete Kirchen, Klöster und Hospize. Nach dem Tode ihres Gatten 1325 wurde sie Franziskanerin. Starb am 4. Juli 1336. Dargestellt als Königin beim Verteilen von Almosen. Patronin des Friedens und vieler Frauenvereinigungen. Fest 4. Juli.

Elisabeth von Thüringen, 1207 in Ungarn geboren, Tochter von König Andreas II. v. Ungarn und seiner Gemahlin Gertrud von Andechs, bereits als einjähriges Kind aus politischen Gründen dem späteren Landgrafen Ludwig IV. von Thüringen verlobt, mit 4 Jahren an den Hof nach Thüringen gebracht, wo sie durch die fromme Landgräfin Sophie erzogen wurde. Mit 14 Jahren vermählt, schenkte sie in kurzer, aber glücklicher Ehe einem Sohn und zwei Töchtern das Leben. Bereits 1227 starb ihr Gatte auf dem Kreuzzug. Sie mußte die Wartburg verlassen und lebte in bitterer Not, bis sie eine Abfindung erhielt. Damit errichtete sie in Marburg ein Franziskushospital, wo sie sich im Dienst an den Armen und Kranken verzehrte. Starb am 17. November 1231. Schon 1235 wurde sie heiliggesprochen. Sie gilt als Fürstin und Patronin der Caritas und der Ordensgenossenschaften von der hl. Elisabeth. Über ihrem Grab errichtete man die Elisabethkirche in Marburg. Dargestellt mit Krone beim Verteilen von Almosen. Fest 19. November.

Elke ↗Elisabeth

Ellen ↗Elisabeth, Helena

Elly ↗Elisabeth

Elsbeth ↗Elisabeth

Emma ↗Hemma

Enrico ↗Heinrich

Ephräm der Syrer, geboren um 306, stammte aus einer christlichen Familie in Nisibis (Mesopotamien), wurde Lehrer an der Schule zu Nisibis. Nach der Auslieferung von Nisibis an die Perser 363 siedelte er nach Edessa über, wo er am 9. Juni 373 starb. Er gehört zu den bedeutenden Gelehrten seiner Zeit. Wir besitzen von ihm wertvolle Erklärungen der Hl. Schrift. Er war ein einflußreicher Prediger und gilt als der größte syrische Dichter. Berühmt sind seine Hymnen an die jungfräuliche Gottesmutter. 1920 wurde er zum Kirchenlehrer ernannt. Fest 9. Juni.

Erich IX., König von Schweden und Nationalheiliger. Er bemühte sich um die Christianisierung der Finnen und wurde von diesen am Himmelfahrtsfeste am 18. Mai 1160 in Uppsala in der Kirche ermordet, schon 1198 als Heiliger verehrt. Seine Gebeine ruhen in einem goldenen Schrein hinter dem Hochaltar des Domes zu Uppsala. Dargestellt als König mit Schwert und Banner. Patron Schwedens. Fest 18. Mai.

Erika = weibl. Form für ↗Erich.

Etienne ↗Stephan

Eugen I., Papst, war Römer. Nachfolger des Märtyrerpapstes Martin I. Er regierte von 654–657. Nur sein früher Tod am 2. Juni 657 bewahrte ihn vor dem Schicksal seines Vorgängers. Fest 2. Juni.

Eusebius, um 283 in Sardinien geboren, wurde 340 Bischof von Vercelli und kämpfte gegen den Arianismus. Er starb am 1. August 371. Patron der Augustiner-Chorherren. Dargestellt mit Evangelienbuch. Fest 2. August.

Eva, Stammutter des Menschengeschlechtes, von Gott begnadigt. Dargestellt mit Fellen bekleidet, mit Apfel, Baum und Schlange. Patronin der Gärtner und Schneider. Fest 24. Dezember.

Evelyne ↗Eva

F

Fabian, Papst von 236–250. Starb am 20. Januar 250 in der Verfolgung unter Decius den Märtyrertod. Beigesetzt in der Calixtuskatakombe. Sein Sarkophag wurde 1915 aufgefunden. Dargestellt mit Schwert und Taube. Patron der Töpfer. Fest 20. Januar.

Felix und **Regula,** Märtyrer in Zürich. Felix starb mit seiner Schwester Regula im Jahre 305 in der Verfolgung des Kaisers Maximilian. Abgebildet mit ihren Häuptern in ihren Händen. Patrone von Zürich. Fest 11. September.

Felizitas, starb zusammen mit der hl. ↗Perpetua im Jahre 202/03 als Märtyrin in Karthago. Ihr Name findet sich im Kanon der hl. Messe. Abgebildet mit der hl. Perpetua. Patron der gebärenden Mütter. Fest 7. März.

Fidelis von Sigmaringen, geboren 1578 als Sohn des Bürgermeisters von Sigmaringen. 1611 Dr. jur., 1612 Priester und Kapuziner, wirkte als Guardian in Feldkirch, Rheinfelden und Freiburg (Schweiz), wurde am 24. April 1622 in Seewis von Calvinern erschlagen. 1729 selig-, 1746 heiliggesprochen. Patron von Sigmaringen und Hohenzollern, der Juristen und der Propaganda-Kongregation in Rom. Dargestellt mit Keule und Schwert. Fest 24. April.

Florian von Noricum, starb um 304 in der Verfolgung des Kaisers Diokletian als Märtyrer in Lorch (Oberösterreich). Er wurde in der Enns ertränkt. Über seinem Grabe baute man das Stift St. Florian. Dargestellt mit einem Mühlstein um den Hals. Patron von St. Florian. Angerufen besonders gegen Feuersbrunst und Wassergefahr. Patron der Kaminfeger und Bierbrauer. Fest 4. Mai.

Frank ↗Franz

Franz von Assisi, der „seraphische" Heilige, Gründer der Franziskaner, Klarissen und Terziaren. Geboren 1181/82 in Assisi als Sohn eines reichen Kaufmanns. Nach lebensfroher Jugend vollzog er, durch Gefangenschaft und Krankheit geläutert, seine Bekehrung zu einem Leben der Buße und des Gebetes. Sein Vater enterbte ihn 1206/07. 1209 vernahm er den Auftrag des Herrn zum Apostolat in Predigt und äußerster Armut. Mit 12 Gefährten, die sich „Mindere Brüder" nannten, verwirklichte er die apostolische Lebensform. Seiner Gemeinschaft gab er eine Regel, die Papst Innozenz III. 1210 mündlich bestätigte. Der Papst gab ihnen die Erlaubnis zur Predigt. In erstaunlicher Schnelligkeit verbreitete sich der Franziskanerorden über das ganze Abendland. 1224 erhielt Franziskus die fünf Wundmale (Stigmatisation). Er starb am 3. Oktober 1226 zu Assisi. Franz ist der größte Reformator der Kirche des Mittelalters. Durch sein Bemühen um die vollkommene Verwirklichung der Nachfolge Christi gehört er zu den größten Heiligengestalten der Kirche. Sein Einfluß war tiefgreifend. Dargestellt als Franziskaner mit den fünf Wundmalen Christi, auch mit Tieren, besonders Vögeln. Patron seiner Orden, der Katholischen Aktion, der Kaufleute, der Armut. Hauptpatron von Italien. Angerufen gegen Kopfweh und Pest. Fest 4. Oktober.

Franz von Paula, geboren 1436 in Kalabrien. Wirkte zunächst als Franziskaner, gründete die Paulaner, die Papst Sixtus IV. 1474 bestätigte. Sein Orden ist geprägt von strenger Aszese. König Ludwig XI. berief ihn 1482 als Beistand in seiner letzten Krankheit nach Frankreich. Franz erlebte noch die rasche Ausbreitung seines Ordens in Italien, Frankreich, Spanien und Deutschland. Starb am 2. April 1507 und wurde bereits 1519 heiliggesprochen. 1943 ernannte man ihn zum Patron der Seeleute. Dargestellt mit Totenkopf und Geißel, auch stehend auf dem Meere. Angerufen gegen Pest und Unfruchtbarkeit. Patron von Kalabrien. Fest 2. April.

Franz von Sales, Bischof und Kirchenlehrer. Geboren am 21. August 1567 auf Schloß Sales in Savoyen, wurde 1594 Priester und 1602 Bischof von Genf. Er war der Seelenführer der hl. Johanna Franziska von Chantal, 1610 gründete er mit ihr den beschaulichen Orden der Heimsuchung Mariens (Salesianerinnen). Verdient um die innerkirchliche Erneuerung durch seine Werke „Philothea" (Einführung in das beschauliche Leben) und „Theotimus" (Über die Liebe Gottes) übte er auf seine Mit- und Nachwelt starken Einfluß aus. Er starb am 28. Dezember 1622 in Lyon. 1665 wurde er heiliggesprochen. 1877 zum Kirchenlehrer ernannt. Er ist Patron der Salesianer, auch der katholischen Presse. Dargestellt als Bischof, auch zusammen mit ↗Johanna Franziska von Chantal. Fest 24. Januar.

Franz Xaver, Apostel Indiens und Japans. Geboren 7. April 1506 bei Navarra, schloß sich als Student in Paris 1533 dem hl. ↗Ignatius von Loyola an, wurde 1534 Jesuit. 1537 Priester, ging 1541 als Missionar nach Indien, wo er zehn Jahre erfolgreich wirkte. Er war ein großzügiger Organisator. Durch seine Briefe machte er das Abendland auf seine Missionsverpflichtung aufmerksam und begeisterte viele junge Menschen für den Missionsauftrag. Er starb bei dem Versuch, das Evangelium auch in China zu verkünden am 3. Dezember 1552 auf einer Insel bei Kanton. Er wurde 1622 heiliggesprochen. Verehrt als Patron der Seefahrer und Glaubensboten, auch Patron gegen Pest und für eine gute Sterbestunde. 1927 (mit der hl. ↗Theresia vom Kinde Jesus) zum Patron aller Missionare ernannt. Dargestellt als Jesuit mit Kreuz bei der Missionspredigt. Fest 3. Dezember.

Fridolin, Glaubensbote, gebürtig aus Irland, ging als Benediktinermissionar nach Gallien, erhob in Poitiers die Gebeine des hl. Hilarius und baute eine Kirche. Er zog über Straßburg und Konstanz nach Chur, gründete unterwegs weitere Hilariuskirchen. Auf der Rheininsel Säkkingen baute er Kirche und Kloster und starb dort um 540. Dargestellt als Abt bei der Predigt, auch als Totenerwecker. Die Verehrung Fridolins ist bis heute lebendig. Patron von Glarus und Säckingen. In Säckingen befindet sich ein Rokokoschrein mit seinen Reliquien. Er wird auch als Viehpatron verehrt. Fest 6. März.

G

Gabriel, Erzengel, verkündete die Geburt Johannes des Täufers und die Geburt Jesu. Dargestellt als Engel mit der Lilie bei der Verkündigung Mariens. Patron für Rundfunk und Fernsehen. Fest 29. September.

Gallus, geboren um 550 in Irland, zog als Glaubensbote um 590 durch Gallien an den Bodensee und gründete das heutige Kloster St. Gallen. Starb um 640. Dargestellt als Einsiedler mit Kreuz, mit Brot und Pilgerstab. Patron von St. Gallen. Fest 16. Oktober.

Georg von Kappadozien, Märtyrer, einer der Vierzehn Nothelfer, der große Verehrung in der ganzen christlichen Welt genoß. Patron vieler Länder, Bistümer und Kirchen. Angerufen bei Fieber und in Kriegsgefahr. An seinem Feste findet die Pferdesegnung statt (Georgsritt). Dargestellt mit Drachen, Rittern, Pferden und weißer Fahne mit rotem Kreuz. Fest 23. April.

Gerda ↗Gertrud

Gereon, Märtyrer, nach der Legende Befehlshaber der Thebaischen Legion, der in Köln niedergemetzelt wurde, da er den Göttern nicht opfern wollte. Starb 304. An der Stelle seines Martyriums wurde von der hl. ↗Helena St. Gereon in Köln erbaut. Dargestellt mit Kreuz auf der Brust in Begleitung römischer Soldaten. Kreuzfahne und Schwert. Patron von Köln und Magdeburg, angerufen bei Kopfweh. Fest 10. Oktober.

Gerhard, Hl., geboren 935 in Köln, wurde in der Kölner Domschule ausgebildet, auf Vorschlag vom hl. ↗Bruno von Kaiser Otto I. zum Bischof von Toul ernannt. Er machte sich verdient um die Förderung der Wissenschaften. Starb am 23. April 994. Fest 23. April.

Gertrud von Helfta, geboren am 6. Januar 1256 in Thüringen, kam mit fünf Jahren in das Kloster Helfta. 1281 hatte sie zum ersten Mal eine Christusvision und gilt als die größte deutsche Mystikerin. Seit 1289 zeichnete sie ihre mystischen Erlebnisse auf. Sie ist die große Künderin der Herz-Jesu-Verehrung. Starb am 13. November 1302. Fest 17. November.

Gertrud von Nivelles, geboren 626 als Tochter Pippins d. Ä., trat in das von ihrer Mutter gegründete Kloster Nivelles ein und wurde dort erste Äbtissin. Starb am 17. März 659 (653?). Dargestellt im Gewande der Augustinerchorfrauen mit Lilie, Krone, um sich Ratten und Mäuse. Patronin der Armen, der Feld- und Gartenfrüchte. Angerufen gegen Mäuseplage und bei Fieber. Fest 17. März.

Giovanni ↗Johannes

Gitte ↗Birgitta

Giuseppe ↗Josef

Gorch ↗Georg

Gregor VII., geboren um 1020/25, begleitete 1047 Papst Gregor VI. in die Verbannung nach Köln. Er gewann nach seiner Rückkehr steigenden Einfluß an der Kurie und wurde 1073 zum Papst erhoben. Er setzte die kirchliche Reform und die kirchliche Zentralisation fort und war ein eifriger Verfechter der päpstlichen Rechte im Investiturstreit. 1076 exkommunizierte er Heinrich IV. und setzte ihn ab, der daraufhin in Canossa (1077) die Lossprechung erbat und erhielt. 1080 kam es zum endgültigen Bruch. Auf der Fastensynode sprach sich Gregor für die Anerkennung des Gegenkönigs Rudolf von Schwaben aus. Heinrich V. erhob daraufhin Erzbischof Wibert von Ravenna zum Gegenpapst.

Heinrich IV. zog in Rom ein, Gregor konnte sich in der Engelsburg halten und wurde von dem Normannenherzog Robert Guiscard befreit. Die Erbitterung der Römer über das Verhalten der Normannen zwang Gregor, die Stadt Rom zu verlassen. Als Verbannter starb er nach einem Jahr 1085 in Salerno. Trotzdem erreichte er den Sieg der Kirchenreform und der Freiheit der Kirche. Gregor bedeutet einen Höhepunkt in der mittelalterlichen Geschichte des Papsttums. Dargestellt mit Tiara. Patron der Freiheit der Kirche. Fest 25. Mai.

Gregor der Große, Papst und Kirchenlehrer, geboren um 540 in Rom, stiftete nach dem Tode seines Vaters in Sizilien sechs Klöster und im elterlichen Hause in Rom ein Andreaskloster, wohin er sich 575 zurückzog und zugleich als Gesandter und Ratgeber der Päpste wirkte. Er wurde 590 zum Papst gewählt und erwarb sich große Verdienste um die Christianisierung der Angelsachsen durch die Entsendung des hl. Augustin mit etwa 40 Mönchen nach England. Er beeinflußte stark die Theologie des Mittelalters. Mit seinem Namen verbinden sich wichtige liturgische Reformen. Starb am 12. März 604. Dargestellt als Papst mit Tiara und Buch. Patron der Gelehrten und der Lehrer. Angerufen bei Pest. Fest 3. September.

Gregor von Nazianz der Jüngere, geboren 330 bei Nazianz, studierte in Athen mit dem hl. ↗Basilius, wurde 361 zum Priester, um 372 zum Bischof von Sasima geweiht. Nach dem Tod des Vaters verwaltete er den Bischofssitz von Nazianz und zog sich 375 als Einsiedler zurück. Starb 390 in Nazianz. Dargestellt mit einer Taube. Patron der Dichter und für gute Ernte. Wurde 1568 zum Kirchenlehrer erhoben. Fest 2. Januar.

Grete ↗Margarete

H

Hagen ↗Heinrich

Hajo ↗Heinrich

Hanna ↗Johannes

Hanno ↗Anno

Hans ↗Johannes

Harry ↗Heinrich

Hedwig von Schlesien, Tochter des Grafen Berthold von Andechs. Mit 13 Jahren wurde sie Gattin des Herzogs Heinrich von Schlesien, dem sie sieben Kinder schenkte. Sie wird verehrt als Patronin der christlichen Nächstenliebe. Auf ihren Wunsch stiftete ihr Gatte das Kloster Trebnitz, wo sie nach seinem Tode eintrat. Sie starb am 15. Oktober 1243. Dargestellt mit Ordenskleidung und Herzogskrone, auch als Herzogin mit Kirchenmodell. Patronin von Polen, Schlesien, Krakau und Trebnitz. Sie wird auch als Patronin der Brautleute verehrt. Fest 16. Oktober.

Heiko ↗Heinrich

Heino ↗Heinrich

Heinrich II., geboren am 6. Mai 973 in Hildesheim, vom hl. ↗Wolfgang von Regensburg erzogen, wurde 995 Herzog von Bayern und 1002 zum deutschen König gewählt. Er unterstützte die Klosterreformen, stellte 1004 das Bistum Merseburg wieder her, gründete 1007 das Bistum Bamberg und wurde 1014 zum Kaiser gekrönt. Starb am 13. Juli 1024 in Grona bei Göttingen, beigesetzt neben seiner Gemahlin, der hl. Kunigunde, im Dom zu Bamberg. Dargestellt im kaiserlichen Ornat mit Kirchenmodell von Bamberg oder Basel, mit Reichsapfel und Schwert und Lilie. Patron von Basel und Bamberg. Fest 13. Juli.

Heinrich Seuse, geboren am 21. März um 1295 in Konstanz oder Überlingen, wurde 1308 Dominikaner in Konstanz, erlebte dort 1313 seine „Bekehrung" und mystische Begnadung. Seit 1322 lebte er in Köln als begeisterter Schüler von Meister Eckehart. Nach seiner Rückkehr (1326) wirkte er in Konstanz als Lektor. In seinem „Büchlein der Wahrheit" verteidigte er die Mystik Eckeharts gegen dessen Gegner. Er starb am 25. Januar 1366 in Ulm. Dargestellt mit Lilie und Rosenkranz. Fest 23. Januar.

Helena, geboren um 255 in dem nach ihr benannten Ort Helenopolis. Sie ist die Mutter Kaiser Konstantins des Großen, wurde 312 Christin und führte nach ihrer Bekehrung ein Leben der Mildtätigkeit gegenüber Notleidenden. Sie war eine große Förderin der Kirche. 324 machte sie eine Wallfahrt ins Heilige Land. Die Legende schreibt ihr die Auffindung des Heiligen Kreuzes zu. Sie gilt als die Erbauerin von Kirchen in Rom, Konstantinopel, Bethlehem, Bonn, Köln und Xanten. Starb um 330 zu Rom. Ihr Leichnam wurde in einem herrlichen Mausoleum in Rom beigesetzt und später nach Konstantinopel überführt. Dargestellt mit Kaiserkrone und Kirchenmodell. Patronin der Bistümer Trier, Bamberg, Basel, auch der Nagelschmiede, der Färber, des Bergwerks, angerufen bei Gewitter und Feuersgefahr. Fest 18. August.

Hemma (Emma) **von Gurk,** geboren um 980. Gräfin von Friesach-Zeltschach in Kärnten, vermählt mit dem Grafen Wilhelm von der Sann. Sie wurde 1016 schon Witwe und verwandelte ihren Besitz in Klöster; stiftete u. a. das Benediktinerkloster Gurk, wo sie selbst 1043 eintrat und am 29. Juni 1045 starb. Dargestellt mit einem Kirchenmodell, Almosen austeilend. Patronin von Gurk in Kärnten. Fest 27. Juni.

Henning ↗Heinrich

Henriette ↗Heinrich

Henry ↗Heinrich

Heribert von Köln, Hl., geboren um 970 in Worms, wo er an der Domschule erzogen wurde. Um 994 wurde er Kanzler Ottos III., 999 Erzbischof von Köln. Nach dem Tode Ottos legte Heribert das Kanzleramt nieder. 1002 gründete er die Abtei Deutz, wo er später auch bestattet wurde. Er förderte die Stiftung Bambergs durch Heinrich II. Starb am 16. März 1021. Patron von Deutz, angerufen um Regen. Fest 30. August.

Hermann Josef, geboren in der zweiten Hälfte des 12. Jahrhunderts in Köln, trat mit 12 Jahren ins Prämonstratenser-Kloster Steinfeld ein. Als Priester wirkte er als eifriger Prediger und guter Seelenführer, besonders in den rheinischen Frauenklöstern. Mystisch begnadet. Starb 1241 im Zisterzienserinnenkloster Hoven. Reliquien im Kloster Steinfeld. Fest 21. Mai.

Hieronymus, um 347 geboren in Stridon an der Grenze Dalmatiens, kam zum Studium nach Rom, lernte in Trier das monastische Leben kennen, lebte anschließend im Orient in strengster Askese und widmete sich exegetischen Studien. 382 reiste er nach Rom, wo er Sekretär von Papst Damasus I. wurde. 385 mußte er nach dem Tode von Damasus Rom verlassen, ließ sich dann in Bethlehem nieder, wo er sich ganz den Studien widmete. Er starb am 30. September 420 zu Bethlehem. Den größten Einfluß hat er durch die Übersetzung der Vulgata ausgeübt. Er ist neben Augustinus der gelehrteste der lateinischen Kirchenväter mit einer leidenschaftlichen Liebe zu Christus und zur Kirche. Seit dem 8. Jahrhundert wird er als Kirchenlehrer verehrt. Dargestellt als Einsiedler. Patron der Gelehrten. Fest 30. September.

Hieronymus Ämiliani, geboren 1486 in Venedig aus vornehmer Familie, wurde Priester, Stifter des Ordens der Somasker, führte ein Leben der Buße und Nächstenliebe, errichtete Waisenhäuser und nahm sich der verwahrlosten Jugend an und wurde ein Erneuerer des religiösen Lebens in Italien. Starb am 8. Februar 1537 in Somasca im Dienst der Pestkranken. 1747 selig- und 1767 heiliggesprochen. Dargestellt wird er mit Kette und Kugeln. Papst Pius XI. erklärte ihn 1928 zum Patron der Waisen und der verlassenen Jugend. Fest 8. Februar.

Hilarius von Poitiers, geboren um 315, ließ sich 345 taufen und wurde um 350 Bischof von Poitiers, kämpfte unermüdlich gegen den Arianismus und mußte deswegen Verfolgung und Verbannung erdulden. Theologisch bedeutsam ist besonders seine Lehre über Gott und Gottessohn. Er verband die östliche und die westliche Theologie und gilt als der Athanasius des Abendlandes. Er starb 367. 1851 zum Kirchenlehrer ernannt. Dargestellt mit Martin von Tours. Patron der Gebärenden. Fest 13. Januar.

Hildegard von Bingen, geboren 1098 in Bermersheim, von Jugend an mystisch begnadet. Sie wurde von der seligen Jutta auf dem Disibodenberg erzogen, gründete nach 1147 das Benediktinerinnenkloster auf dem Rupertsberg bei Bingen und 1165 das Tochterkloster Eibingen bei Rüdesheim. Bischöfe, Könige und Fürsten suchten ihren Rat. Sie starb am 17. September 1179 auf dem Rupertsberg bei Bingen. Dargestellt beim Austeilen von Almosen, auch zusammen mit dem hl. ↗Bernhard, der ihre Schriften prüft. Fest 17. September.

Hinz ↗Heinrich

Hippolyt von Rom, war Schüler des hl. ↗Irenäus und der fruchtbarste griechische Kirchenschriftsteller im Westen. Unter Papst Victor I. (189–199) war er bereits einflußreicher Kleriker in Rom. Er ließ sich unter Papst Calixt zum Gegenpapst wählen. Das Schisma des Hippolyt ging erst 235 zu Ende. Starb 235 in der Verbannung. Patron von St. Pölten. Patron der Pferde. Fest 13. August.

Hrabanus Maurus ↗Rabanus Maurus

Hubert, geboren um 655, wirkte als Glaubensbote in Südbrabant und in den Ardennen, wurde 703 Bischof von Maastricht, verlegte den Bischofssitz 717 nach Lüttich. Starb am 30. Mai 727 bei Brüssel. Dargestellt in Bischofs- und Jägertracht mit einem Hirsch, zwischen dem Geweih ein strahlendes Kreuz. Patron der Jäger, gegen Tollwut, gegen Irrsinn und Wasserscheu. Patron von Augsburg, Jülich, Lüttich. Fest 3. November.

I

Ignatius von Antiochien, Schüler des Evangelisten ↗Johannes, zweiter Nachfolger des hl. ↗Petrus auf den Bischofstuhl von Antiochien. Von ihm sind sieben Briefe erhalten, die er auf der Fahrt nach Rom als Gefangener an die Christengemeinden schrieb und die ein Zeugnis seiner Christusliebe sind. Er starb als Märtyrer um 118 in Rom. Dargestellt mit Löwen im Amphitheater. Angerufen bei Halsweh und Ausschlag. Fest 17. Oktober.

Ignatius von Loyola, geboren 1491 auf Schloß Loyola in Spanien, lebte als Edelknabe am Königshofe, wurde Soldat und 1521 verwundet. Auf dem Krankenbette kam er zu einer Sinnesumkehr, zog sich in die Einsamkeit von Montserrat und Manresa zurück, wo sein Exerzitienbuch entstand. Er sammelte Männer um sich unter dem Motto „Alles zur größeren Ehre Gottes" und gründete 1534 den Jesuitenorden. Am 15. August 1534 legte er die Gelübde ab, wurde 1537 Priester und stellte sich mit seiner Gemeinschaft, die sich „Gesellschaft Jesu" nannte, ganz dem Hl. Vater zur Verfügung. Bei qualvollem Gallenleiden leitete er von Rom aus erfolgreich die vielseitigen Aufgaben seines Ordens. Starb am 31. Juli 1556. Dargestellt im Ordenskleid der Jesuiten oder mit Meßgewand, einen Drachen zu seinen Füßen. Angerufen bei Fieber, Gewissensbissen und Skrupeln, Patron der Jesuiten, der hoffenden Frauen und der Soldaten. Fest 31. Juli.

Ilona ↗Helena

Ines ↗Agnes

Irenäus, stammte aus Kleinasien, Schüler des hl. ↗Polykarp, wirkte als Priester in Lyon und wurde 177/178 Bischof von Lyon. Starb um 202 unter Septimius Severus in Gallien als Märtyrer. Dargestellt mit Buch „Gegen die Irrlehren". Fest 28. Juni.

Irmgard von Köln, geboren um 1000 auf Burg Aspel. Ihre Besitzungen schenkte sie dem Kloster St. Pantaleon in Köln, wo ihr Bruder als Abt wirkte. Sie pilgerte dreimal nach Rom und starb um 1080. Ihre Gebeine befinden sich in der Agneskapelle des Kölner Domes. Dargestellt als Pilgerin oder beim Gebet. Fest 4. September.

Isaak Jogues, geboren am 10. Januar 1607 in Orléans. Glaubensbote in der von ↗Jean de Brébeuf begründeten Huronenmission. Von den Mohawks nach peinvoller Marterung am 18. Oktober 1646 erschlagen. Fest 19. Oktober.

Isabella von Frankreich, geboren 1225. Schwester König Ludwigs IX. des Heiligen. Stifterin des Klosters Longchamp bei Paris, wo sie als Klarissin eintrat. Sie starb am 23. Februar 1270. Dargestellt: Kniend der Gottesmutter ihr Kloster anbietend: ein Kirchenmodell in den Händen. Fest 22. Februar.

Isidor von Sevilla, geboren um 560 in Südspanien, wurde um 600 Erzbischof von Sevilla. Er leitete die Konzilien von Sevilla (619) und Toledo (633). Durch seine zahlreichen Werke übte er einen großen Einfluß auf die nachfolgende Theologie aus. Er gilt als der große „Schulmeister" des Mittelalters. Starb 636 und wurde neben seinem Bruder Erzbischof Leander von Sevilla beigesetzt. Als der Nationalheilige Spaniens und der letzte abendländische Kirchenvater genießt er größte Verehrung. Seine Heiligsprechung erfolgte 1598, seine Erhebung zum Kirchenlehrer 1722. Fest 4. April.

Iwan ↗Johannes

J

Jack ↗Jakobus

Jacqueline ↗Jakobus

Jakobus der Ältere, Apostel, Sohn des Fischers Zebedäus und der Salome, wurde zusammen mit seinem Bruder, dem hl. Evangelisten ↗Johannes, von Christus berufen. Ostern 44 erlitt Jakobus als erster der zwölf Apostel den Märtyrertod unter König Herodes Agrippa I. Seit dem 7. Jahrhundert ist die Nachricht bezeugt, Jakobus habe in Spanien gewirkt und sei dort gestorben. Nach alter spanischer Tradition wurde der Leib des Heiligen nach Santiago de Compostela gebracht. Die Wallfahrt wurde besonders im 10.–15. Jahrhundert weltberühmt. Dargestellt als Pilger mit Hut. Patron Spaniens und Portugals, der Winzer und der Pilger. Angerufen gegen Rheumatismus und um Gedeihen der Ernte. Fest 25. Juli.

Jakobus der Jüngere, Apostel, Sohn des Kleophas, Vetter Jesu. Haupt der Christengemeinde von Jerusalem, spielte auf dem Apostelkonzil eine überragende Rolle. Erhielt den Beinamen „der Gerechte". Er war der Verfasser des Jakobusbriefes. Um 62 wurde er gesteinigt. Fest 3. Mai.

James ↗Jakobus

Jan ↗Johannes

Januarius, gilt als Bischof von Benevent. Starb um 305 als Märtyrer unter Kaiser Diokletian. Sein Haupt und zwei Blutfläschchen finden sich in der Schatzkammer des Domes zu Neapel. An den Festen des Heiligen wird sein Blut wieder flüssig, wenn es in die Nähe seines Hauptes gebracht wird. Das Januariuswunder ist seit dem 15. Jahrhundert bezeugt. Dargestellt: Umgeben von wilden Tieren und als Bischof. Patron von Neapel, Benevent und der Goldschmiede. Fest 19. September.

Jean ↗Johannes

Jeanne d'Arc, französische Nationalheldin, geboren um 1412 in Domremy an der Maas. Mit etwa 13 Jahren wurde sie von Stimmen gedrängt, Orléans von den Engländern zu befreien, wehrte sich fünf Jahre lang gegen diese Stimmen, verließ aber 1429 heimlich ihr Vaterhaus und vertrieb die Engländer und führte den König nach Reims zur Krönung. 1430 wurde sie verraten, an die Engländer verkauft und eingekerkert und nach einem Prozeß am 30. Mai 1431 durch die Engländer verbrannt. Papst Calixt III. stellte 1450 ihre Unschuld fest. 1909 selig- und 1920 heiliggesprochen. Dargestellt in Ritterkleidung mit dem Lilienbanner Frankreichs in der Hand. Fest 30. Mai.

Jean de Brébeuf, geboren am 25. März 1593 in der Normandie, gründete die Huronenmission, erforschte Sprache und Kultur dieses Stammes. Er erlitt 1649 den Marterertod. Fest 19. Oktober.

Jenny ↗Johanna

Jim(my) ↗Jakobus

Joachim, Gemahl der hl. Mutter ↗Anna, Vater der Gottesmutter ↗Maria. Dargestellt: Joachim trägt das Kind Maria. Patron von Joachimstal, der Eheleute und der Schreiner. Fest 26. Juli.

Jochen ↗Joachim

Johanna Franziska von Chantal, geboren am 28. Januar 1572 in Dijon, seit 1592 Gattin des Baron von Chantal, dem sie vier Kinder schenkte. Nach dem Tode des Gatten 1601 zog sie sich auf Schloß Monthelon zurück. Mit ihrem Seelenführer, dem hl. ↗Franz von Sales, gründete sie zu Annecy den Orden von der Heimsuchung Mariä (Salesianerinnen), den sie bis zu ihrem Tode 1641 leitete. Dargestellt im schwarzen Habit, mit schwarzem Schleier, auf den Knien das Kreuz umfassend oder mit dem hl. ↗Franz von Sales. Patronin für glückliche Entbindung und der Salesianerinnen. Fest 12. Dezember.

Johannes, Apostel und Evangelist. Liebesjünger Jesu, jüngerer Bruder des hl. ↗Jakobus des Älteren. Nach dem Tode des Herrn lebte er in Ephesus, später verbannt auf die Insel Patmos, wo er die Geheime Offenbarung schrieb. Starb um 100. Dargestellt mit Adler. Patron der Buchhändler, Buchdrucker und Schreiber. Angerufen bei Hagel, bei Epilepsie und Vergiftung. Fest 27. Dezember.

Johannes Bosco, geboren am 16. August 1815 in Becchi. Er gelangte unter vielen Schwierigkeiten zum Priestertum. 1841 begann er in Turin sein Erziehungswerk an der Jugend und wurde der große katholische Erzieher des 19. Jahrhunderts und Gründer eines weltumspannenden sozialen Jugendwerkes. Er ist der Stifter der Kongregation der Salesianer Don Boscos und der Mitbegründer der Don-Bosco-Schwestern, ein erfolgreicher Schriftsteller und Verleger, der unter dem geistigen Einfluß des hl. ↗Alfons von Liguori, des hl. ↗Philipp Neri und des hl. ↗Franz von Sales stand. Starb am 31. Januar 1888 in Turin. Heiliggesprochen 1934. Patron der katholischen Verlegerverbände. Fest 31. Januar.

Johannes Chrysostomus, geboren um 350 zu Antiochien, wurde 369 getauft, lebte vier Jahre als Mönch, dann als Eremit und erhielt 386 die Priesterweihe. Seine vorzüglichen Predigten an der Bischofskirche erwarben ihm den Ehrennamen „Goldmund". Um 400 wurde er Patriarch und Erzbischof von Konstantinopel. Durch Intrigen des Kaiserhauses mußte er 403 den Weg in die Verbannung gehen. Auf dem

Transport starb er am 14. September 407 zu Komana in Pontus. 438 wurden seine Gebeine nach Konstantinopel überführt, später nach Rom in die Peterskirche. Er ist einer der bedeutendsten Kirchenväter. Dargestellt mit Bienenkorb, Evangelienbuch, Taube und Engel. Patron gegen Epilepsie. Fest 13. September.

Johannes von Damaskus, geboren um 650 aus vornehmer arabischer, aber christlicher Familie in Damaskus, zog sich um 700 in die Nähe von Jerusalem zurück. Patriarch Johannes V. von Jerusalem (706–735) weihte ihn zum Priester und zog ihn zu wichtigen Aufgaben heran. Er war eine anerkannte theologische Autorität. Seine Schriften umfassen den ganzen Bereich der Theologie seiner Zeit und zeigen ihn als treuen und wachsamen Hüter der Tradition. Er ist der größte Theologe der orientalischen Kirche. Starb im hohen Alter um 750. Er erhielt 1890 den Titel Kirchenlehrer. Dargestellt als Kirchenlehrer mit einem Marienbild. Patron der östlichen Theologen. Fest 4. Dezember.

Johannes Eudes, am 14. 11. 1601 in Ri in der Normandie geboren, wurde 1623 in Paris Oratorianer, 1625 Priester und 1639 Superior des Oratoriums in Caen. Seit 1632 zog er als Volksmissionar mit großem Erfolg durch die Lande, gründete 1643 eine Weltpriesterkongregation, die sogenannten Eudisten und 1644 die Kongregation der Schwestern vom guten Hirten. Er ist einer der großen Erneuerer des religiösen Lebens im 17. Jahrhundert in Frankreich. Starb am 19. August 1680 in Caen. 1909 wurde er selig-, 1925 heiliggesprochen. Fest 19. August.

Johannes von Gott, geboren am 8. März 1495 in Monté-mor o Novo bei Evora in Portugal, wurde mit 8 Jahren entführt, lebte als Hirte, dann als Soldat. Durch die Predigt des sel. Johannes von Ávila erschüttert, widmete er sich der Krankenpflege und wurde der Gründer der „Barmherzigen Brüder" in Granada. Er starb am 8. März 1550 zu Granada. Dargestellt mit einem Granatapfel. Patron der Krankenhäuser. Sein Name wird in der Sterbelitanei angerufen. Er ist einer der größten sozialen Heiligen. 1630 wurde er selig- und 1690 heiliggesprochen. Fest 8. März.

Johannes Kapistran, geboren am 24. Juni 1386 in Capestrano als Sohn eines eingewanderten Barons. Er studierte in Perugia römisches und kanonisches Recht, wurde 1412 Richter, trat 1415 in den Franziskanerorden ein, 1417 begann er seine 40jährige Tätigkeit als Wanderprediger und seit 1454 als Kreuzzugsprediger. Er wurde als Retter des Abendlandes und als Apostel Europas bezeichnet. Starb am 23. Oktober 1456 in Ilok a. d. Donau. 1690 wurde er heilggesprochen. Dargestellt als

Franziskaner, der den Kreuzzug gegen die Türken predigt. Fest 23. Oktober.

Johannes von Krakau, geboren am 23. Juni 1390 zu Kety (Polen), lehrte als Professor an der Universität und am Kollegiatstift St. Florian in Krakau. Er zeigte eine hervorragende Liebe zu seinen Schülern und zu den Armen. Starb am 24. Dezember 1473 zu Krakau, 1690 wurde er selig-, 1767 heiliggesprochen. Dargestellt mit Kreuz und Rosenkranz in der Hand. Fest 23. Dezember.

Johannes vom Kreuz, geboren am 24. Juni 1542 in Fontivera in Spanien, stammte aus einem verarmten Adelsgeschlecht, trat in den Karmelitenorden ein und wurde Priester. ↗Theresia von Ávila legte ihm ihren Plan der Reform des Karmelitenordens vor, 1568 begann er in der Neugründung zu Durvelo mit der Ordensreform. Von 1572–1577 war er Spiritual im Kloster in Ávila, wo Theresia Priorin war. Hier setzte er das Studium mystischer Werke fort. Nach Auseinandersetzungen zwischen dem reformierten und nichtreformierten Zweig des Ordens wurde er im Kloster zu Toledo in strenge Haft gesetzt, konnte aber 1578 entfliehen. Nach der Trennung zwischen Reformierten und Nichtreformierten wirkte er u. a. in Granada und Segovia. Er starb am 14. Dezember 1591 in Ubeda. Mystisch hochbegnadet, reifte er in schweren Läuterungsleiden zum Heiligen heran. Er schuf das bedeutendste theologische System der Mystik in der Neuzeit. Er wurde 1726 heiliggesprochen. 1926 zum Kirchenlehrer erhoben. Fest 14. Dezember.

Johannes Leonardi, geboren 1541 in Diecimo bei Lucca in Toscana, wurde 1573 Priester. Er ist der Gründer der Piaristen zur Erziehung der Jugend und eines Missionskollegs in Rom. Papst Clemens VIII. übertrug ihm die Reform und Visitation mehrer Orden. Starb am 9. Oktober 1609 zu Rom. Beigesetzt in S. Maria in Campitelli zu Rom. 1938 wurde er heiliggesprochen. Fest 9. Oktober.

Johannes von Nepomuk, geboren um 1350 zu Pomuk, wurde 1380 Priester und Pfarrer von St. Gallus in Prag, 1389 Generalvikar. 1393 ließ ihn König Wenzel gefangennehmen und am 20. März 1393 in der Moldau ertränken. Er gilt als Märtyrer des Beichtgeheimnisses. Sein Grab ist im Prager Dom. Kult 1721 bestätigt. 1729 wurde er heiliggesprochen. Dargestellt mit einem Anker, einem Fluß mit Brücke und der Inschrift: Ich schwieg. Brückenpatron, Helfer in Wassernot und bei schuldloser Verdächtigung. Er ist der bekannteste Brückenheilige. Patron der Beichtväter, auch von Böhmen, Salzburg, Seckau und Prag. Fest 16. Mai.

Johannes I., Papst von 523–526. Er wurde durch den arianischen König Theoderich nach Konstantinopel zum Kaiser Justin I. geschickt, um bei ihm zugunsten der arianischen Goten des Ostreiches zu vermitteln. Bei seiner Rückkehr hielt ihn dieser in Ravenna zurück, wo er nach wenigen Tagen am 18. Mai 526 starb. Fest 18. Mai.

Johannes der Täufer, Vorläufer des Herrn, Sohn des Zacharias und der Elisabeth, im Mutterschoß geheiligt. Er predigte die Bußtaufe am Jordan. Starb unter König Herodes Antipas, der ihn auf Wunsch seiner Tochter, angestiftet von der Mutter, die sein Haupt auf einer Schüssel sehen wollte, enthaupten ließ. Der hl. Johannes ist einer der am meisten verehrten Heiligen. Dargestellt wird er mit einem Tierfell um die Lenden bei der Taufe Jesu und bei seiner Enthauptung. Patron der Mönche, der Baptisterien vieler Städte und handwerklicher Berufe. Fest 24. Juni.

Johannes Baptist de la Salle, geboren am 30. April 1651 in Reims, wurde 1678 Priester, widmete sich den Anliegen der Jugenderziehung und gründete 1681 die „Schulbrüder" und in Reims und Paris ein Lehrerseminar. Auf 22 Niederlassungen mit 200 Brüdern war seine Gründung bei seinem Tode angewachsen. Am 7. April 1719 starb er zu Rouen, 1888 wurde er selig-, 1900 heiliggesprochen. Dargestellt von Kindern umgeben. Patron der „Schulbrüder" und des christlichen Unterrichts und des Lehrerstandes. Fest 7. April.

Johannes Maria Vianney, geboren am 8. Mai 1786 in Dardilly bei Lyon. Als Spätberufener begann er das Studium der Theologie und wurde 1815 Priester. Er wirkte als Vikar in Écully, später als Pfarrer von Ars, wo er seit 1818 eine reichgesegnete seelsorgliche Tätigkeit entfaltete und besonders als Beichtvater von Tausenden aufgesucht wurde. Starb nach einem heiligmäßigen Leben am 9. August 1859. 1925 wurde er heiliggesprochen, 1929 zum Patron der Seelsorger ernannt. Fest 4. August.

John Fisher, geboren um 1469, wurde 1495 zum Priester geweiht und 1504 Bischof von Rochester, wo er in hervorragender Weise als Prediger, Seelsorger und Vater der Armen wirkte. Er wandte sich gegen die Oberhoheit des Königs über die Englische Kirche und wurde am 22. Juni 1535 hingerichtet. Pius XI. sprach ihn 1935 heilig. Fest 22. Juni.

Jörg ↗Georg

Jonny ↗Johannes

Josaphat Kunzewitsch, geboren 1580 in Wolhynien von orthodoxen Eltern, trat in Wilna zur ruthenisch-unierten Kirche über, wurde 1604 Basilianermönch. 1609 Priester und 1618 Erzbischof von Polozk. Auf einer Visitationsreise wurde er 1623 in Witebsk in Rußland grausam ermordet. 1643 wurde er selig-, 1867 heiliggesprochen. Seine Reliquien kamen 1816 nach Wien und wurden 1949 nach Rom übertragen. Er gilt als Apostel der Union. Dargestellt mit einer Axt am Kopf. Fest 12. November.

Josef, Nährvater Jesu. Bräutigam der Gottesmutter, aus dem Hause und Geschlechte David, lebte als Zimmermann in Nazareth. Er begab sich mit Maria zur Ausschreibung nach Bethlehem. Nach der Darstellung Jesu im Tempel floh er mit Jesus und seiner Mutter nach Ägypten, kehrte nach dem Tod des Herodes zurück und ließ sich in Nazareth nieder. Seit 1955 wird am 1. Mai das Fest des hl. Josef als Mann der Arbeit gefeiert. Dargestellt als Zimmermann, mit Lilie und dem Jesuskind auf dem Arm, sterbend in den Armen Jesu und Mariä. Patron der Kirche, der Sterbenden, Patron von Österreich. Angerufen in Wohnungsnot. Fest 19. März.

Josef von Calasanza, um 1556/57 in Peralta de la Sal (Spanien) geboren, wurde 1583 Priester, ging 1592 nach Rom, wo er 1617 die Genossenschaft der Piaristen gründete. Er wurde 1621 erster General seines Ordens. Am Ende seines Lebens hatte er schwere Leiden und Verfolgungen von eigenen Mitbrüdern zu erdulden. Starb am 25. August 1648 in Rom. 1748 wurde er selig- und 1767 heiliggesprochen. Dargestellt in Ordenstracht in einer Kirche vor einem Bilde der Gottesmutter, von Kindern umgeben. Patron der Kinder und der Piaristen. Fest 25. August.

Judas Thaddäus, Apostel Jesu. Die Tradition über sein späteres Wirken ist unterschiedlich. Er soll in Syrien, Armenien und Persien missioniert haben. Er erfuhr im 19. und 20. Jahrhundert steigende Verehrung. Dargestellt mit Buch und Keule. Patron in verzweifelten Anliegen. Fest 28. Oktober.

Jupp ↗Josef

Justin, geboren um 100 in Palästina. Er fand im Christentum – nach vergeblichem Suchen der Wahrheit bei den Philosophen – die ihn überzeugende Philosophie. Schrieb zur Verteidigung des Christentums mehrere Werke. Er ging nach Rom, wo er um 165 mit sechs Gefährten enthauptet wurde. Seine Märtyrerakten sind erhalten. Dargestellt mit Philosophenmantel und dem Buch der Apologie. Patron der Philosophen. Fest 1. Juni.

K

Kajetan von Thiene, Oktober 1480 in Vicenza geboren, nach juristischen Studien päpstlicher Protonotar und Geheimsekretär. 1516 Priester. 1524 Mitbegründer der Theatiner. Bemühte sich erfolgreich um die Hebung des religiösen Lebens des Volkes, rastlos tätig für das Heil der Seelen, mit der Wundergabe ausgezeichnet, ein Priester voll glühender Gebetsgeistes. Er starb am 7. August 1547 in Neapel. 1629 selig-, am 12. April 1671 heiliggesprochen. Seit 1672 Patron Bayerns. Fest 7. August.

Kalixtus, ehemaliger Sklave. Diakon bei den nach ihm benannten Katakomben. Wurde 217 Papst und starb 222 als Märtyrer. Beigesetzt in Trastevere. Fest 14. Oktober.

Kamillus von Lellis, am 25. Mai 1550 in den Abruzzen geboren, war von 1569–1574 Soldat, erlebte eine Bekehrung und trat 1575 in Venedig in den Kapuzinerorden ein, wurde aber wegen eines Fußleidens entlassen, fand später im Jakobushospital in Rom Heilung und Lebensaufgabe als Krankenwärter und Spitalmeister. Sein Seelenführer war der hl. ↗Philipp Neri. Er gründete 1582 eine religiöse Gemeinschaft von Krankenpflegern, woraus sich der Orden der Kamillianer entwickelte und wurde 1584 zum Priester geweiht. Er blieb Generaloberer bis 1607 und starb am 14. Juli 1614 zu Rom. 1742 wurde er selig-, 1746 heiliggesprochen. Seit 1886 Patron der Kranken und Spitäler, 1930 Patron der Krankenpflege. Fest 14. Juli.

Karin ↗Katharina

Karl Borromäus, geboren am 2. Oktober 1538 zu Arona, studierte von 1552–1559 Jura in Pavia, wurde am 31. Januar 1560 zum Erzbischof von Mailand und Kardinaldiakon ernannt, erhielt am 17. Juli 1563 die Priester- und am 7. Dezember 1563 die Bischofsweihe. Als Bischof von Mailand zeigte er seine aufopfernde Hirtensorge bei der Pest, die 1576 in Mailand wütete. Er führte ein streng asketisches Leben und bemühte sich, die Reformen des Konzils von Trient in seinem Bistum durchzuführen. Starb am 3. November 1584. Schon 1610 wurde er heiliggesprochen. Fest 4. November.

Karl Lwanga, geboren 1865 in Uganda. Führer der Pagen seines Königs, wurde 1885 getauft. Wegen seines christlichen Glaubens wurde er zusammen mit anderen Pagen eingekerkert und 1886 mit 12 Gefährten lebendig verbrannt. Fest 3. Juni.

Kasimir von Polen, geboren am 5. Oktober 1458, Sohn des Königs Kasimir IV. von Polen. Er wurde 1471 zum König von Ungarn gewählt, konnte sich aber nicht durchsetzen. Kasimir zeichnete sich durch ein heiliges, sittenreines Leben aus und war ein großer Marienverehrer. Er starb am 4. März 1484. Dargestellt als König in polnischer Nationaltracht, in der Hand einen Lilienzweig. Patron von Polen und der Jugend. Fest 4. März.

Kaspar, gilt mit ↗Balthasar und ↗Melchior als einer der Weisen aus dem Morgenland. Ihre Reliquien werden in Köln verehrt. Patron der Pilger und Reisenden. Fest 6. Januar.

Katharina von Alexandrien, nach der Überlieferung Jungfrau aus königlichem Geschlecht und erfahren in den Wissenschaften, die als Märtyrin unter Kaiser Maxentius starb. Die Persönlichkeit Katharinas ist historisch nicht greifbar, nur ihr Kult ist zu belegen. Bekannt ist das Katharinenkloster am Fuße des Sinai. Dargestellt mit königlichen Insignien, mit einem Buch und zerbrochenem Rad (auf das ihr Leib geflochten ist), auch bei der Disputation mit Philosophen. Patronin der Universität Paris, der Philosophen, der Lehrer, Jungfrauen und vieler Städte. Sie zählt zu den Vierzehn Nothelfern, angerufen bei Migräne. Fest 25. November.

Katharina von Siena, um 1347 in Siena geboren, wurde 1365 Dominikanerin. Im Pestjahr 1374 pflegte sie die Pestkranken und erkrankte dabei selbst. Erhielt am 1. April 1375 die Stigmata. Papst und Fürsten suchten in der Not des Abendländischen Schismas ihren Rat. Sie starb am 29. April 1380 in Rom, beigesetzt in S. Maria sopra Minerva und wurde am 29. Juni 1461 heiliggesprochen und 1939 zur Hauptpatronin (mit dem hl. ↗Franz von Assisi) von Italien erklärt. Dargestellt mit Kruzifix, Wundmalen, Dornenkrone, Lilie und Buch. Patron gegen Kopfweh, gegen Pest, für guten Tod. Fest 29. April.

Katja ↗Katharina

Kilian von Würzburg, irischer Glaubensbote, Bischof. Starb als Märtyrer in Würzburg um 689. Bischof Burkhard von Würzburg erhob die Gebeine des Frankenapostels am 8. Juli 752 und setzte sie in der Kirche auf dem Marienberg bei. 788 überführte er die Reliquien in Gegenwart Karls d. Großen in den Salvator-Dom, das heutige Neumünster. Dargestellt mit Dolch, Palme und Schwert, angerufen bei Gicht und Rheumatismus. Patron von Würzburg und Heilbronn, Patron der Winzer. Fest 8. Juli.

Klara von Assisi, geboren 1194 in Assisi aus adliger Familie. Sie wurde von ↗Franz von Assisi für das Armutsideal gewonnen, floh 1212 aus dem Elternhaus und wurde von Franz in der Portiunculakirche eingekleidet. Mit ihrer Schwester Agnes, ihrer Mutter und ihrer Schwester Beatrix führte sie in S. Damiano ein Leben der Armut. Sie ist die Mitbegründerin des Klarissenordens. Seit 1224/25 war sie fast dauernd bettlägerig. 1240/41 befreite sie Assisi durch ihr Gebet zum Allerheiligsten Sakrament von den Sarazenen. Viele Krankenheilungen werden ihr zugeschrieben. Ihr Orden erlebte schon zu ihren Lebzeiten eine weite Verbreitung. Sie starb am 11. August 1253 in S. Damiano bei Assisi. Ihr Leib wurde 1260 in die neue Kirche S. Chiara (St. Klara) übertragen. Dargestellt mit Monstranz oder Ziborium, Lilie und Kreuz. Patronin des Fernsehens. Wetterpatronin, angerufen bei Augenkrankheiten und Geburtsnot. Fest 11. August.

Klemens I. (Klemens), 3. Nachfolger des hl. Apostels ↗Petrus, Bischof von Rom von 92–101. Er ist der Verfasser des Klemensbriefes, der 93/97 an die Gemeinde von Korinth gesandt wurde. Im 4. Jahrhundert wurde ihm eine dreischiffige Kirche gebaut, die heutige Unterkirche von S. Clemente. Patron der Steinmetze und Marmorarbeiter. Dargestellt als Papst mit Anker, da Klemens nach der Legende mit einem Anker um den Hals im Schwarzen Meer versenkt wurde. Fest 23. November.

Klemens Maria Hofbauer, am 26. Dezember 1751 in Tasswitz in Mähren geboren, wurde von 1767–79 Bäckerlehrling, später Geselle, Student und Einsiedler. 1779 begann er sein Studium in Wien, später in Rom, wurde 1784 Redemptorist und 1785 zum Priester geweiht. Er wirkte von 1787–1808 in Warschau und seit 1788 als Generalvikar seiner Kongregation. 1808 ging er nach Wien zurück, wo er als hervorragender Prediger und Seelenführer großen Einfluß ausübte. Er starb am 15. März 1820 in Wien. Am 19. April 1820 unterzeichnete Kaiser Franz I. das Zulassungsdekret für die Redemptoristen in Österreich. Begraben in Maria Enzersdorf, 1862 nach Maria Stiegen übertragen, 1888 selig-, 1909 heiliggesprochen. Apostel von Warschau und Wien. Stadtpatron von Wien. Seit 1913 zweiter Schutzheiliger des Gesellenvereins. Fest 15. März.

Knud der Heilige, wurde um 1040 geboren. König von Dänemark von 1080/86. Er war eifriger Christ, förderte den Bau von Kirchen. Seine Strenge in der Durchführung kirchlicher Reformen und seine Bemühungen um die Stärkung der königlichen Macht verursachten einen Aufstand, bei dem er am 10. Juli 1086 ermordet wurde. 1100 heiliggesprochen. Dargestellt mit königlichen Insignien, mit Pfeil, Lanze und Dolch. Patron von Dänemark. Fest 10. Juli.

Kolumban, geboren 543 in Irland, wurde Mönch und Abt von Luxeuil und Bobbio. Bedeutend als Klostergründer und Missionar Galliens. Er gehört zu den einflußreichsten irischen Glaubensboten auf dem Festland. Starb am 23. November 615 in Bobbio. Grab in der Krypta der Kolumbankirche zu Bobbio. Dargestellt mit Bär in seiner Höhle, mit Quelle und strahlender Sonne. Patron von Irland, angerufen bei Überschwemmung und Geisteskrankheit. Fest 23. November.

Konrad von Konstanz, geboren um 900 als Sohn des Welfengrafen Heinrich von Altdorf, wurde nach Studium in St. Gallen und Konstanz Dompropst von Konstanz und 934 Bischof von Konstanz. Er pilgerte dreimal ins Hl. Land und zeigte große Liebe zu den Armen. Starb am 26. November 975. 1123 wurde er heiliggesprochen. Seine Gebeine wurden 1526 in der Reformationszeit in den Bodensee geworfen. Sein Haupt wurde gerettet, kam später in den Münsterschatz. Dargestellt als Bischof mit Kelch und einer Spinne. (Soll nach der Legende eine giftige Spinne bei dem Empfang des hl. Blutes ohne Schaden geschluckt haben). Patron der Erzdiözese Freiburg, Patron von Konstanz. Fest 26. November.

Konrad von Parzham, geboren am 22. Dezember 1818 in Parzham bei Griesbach im Rottal, wurde 1849 Kapuziner in Altötting, wo er 41 Jahre als Pförtner des St.-Anna-Klosters Altötting lebte. Er verband Gebetseifer mit steter Dienstbereitschaft und aufopfernder Liebe. Er starb am 21. April 1894 in Altötting. 1930 wurde er selig- und 1934 heiliggesprochen. Mitpatron der bayrischen und ungarischen Kapzinerprovinzen. Patron der Landjugend. Fest 21. April.

Kornelius, Papst von 251–53 nach dem Sturm der Decischen Verfolgung. Er zeichnete sich durch milde Bußdisziplin aus. Als die Verfolgung unter Kaiser Gallus erneut ausbrach, wurde er nach Centumcellae verbannt, wo er bald starb. Sein Leib wurde in der Lucinagruft der Calixtuskatakombe beigesetzt. Cornelius wurde im Rheinland viel verehrt. Patron gegen Krämpfe und Fallsucht. Besondere Verehrung genießt er in St.-Corneille-de Compiègne, Kornelimünster und St.-Severin zu Köln. Fest 16. September.

Kosmas und **Damian,** sie gelten nach der Überlieferung als Zwillingsbrüder, die als Ärzte in Kilikien viele zum Christentum bekehrt haben. Sie starben in der diokletianischen Verfolgung um 303. Ihre Verehrung war bereits Anfang des 5. Jahrhunderts im Orient verbreitet, im 6. Jahrhundert fanden sie auch im Abendland starke Verehrung. Reliquien in Bremen, Hildesheim, Essen, München. Dargestellt mit Arzneibüchse und medizinischen Instrumenten. Patron der Kranken, Ärzte und Apotheker. Fest 26. September.

L

Lars ↗Laurentius

Laurentius, Erzdiakon und Märtyrer zu Rom. Starb am 6. August 258 unter Kaiser Valerian zusammen mit Papst Sixtus II. und neun anderen Märtyrern. Auf dem Rost gebraten, wurde Laurentius zu Tode gequält. Er genoß zu allen Zeiten besondere Verehrung. Seine Basilika in Rom zählt zu den sieben Hauptkirchen. Sein Kult ist im ganzen Abendland nachweisbar. Dargestellt auf einem Rost liegend oder auch Almosen austeilend. Patron der Armen, der Bibliothekare, Köhler, Bäcker, angerufen bei Verbrennungen und Hexenschuß. Fest 10. August.

Laurentius von Brindisi, geboren am 22. Juli 1559 in Brindisi, trat 1575 in den Kapuzinerorden ein, wurde 1590 Provinzial und 1602 Generaloberer. Er wirkte in Österreich, Italien, Spanien. Er nahm Einfluß auf die Religionspolitik der katholischen Fürsten. Starb am 22. Juli 1619 in Lissabon. Am 23. Mai 1783 wurde er selig- und am 8. Dezember 1881 heiliggesprochen. Papst Johannes XXIII. erhob ihn am 19. März 1959 zum Kirchenlehrer. Fest 21. Juli.

Lawrence ↗Laurentius

Leni ↗Helena

Leo I. der Große, Erzdiakon unter Papst Coelestin I., wurde am 29. September 440 Nachfolger des hl. Papstes Sixtus auf dem Stuhl Petri. Er war ein hervorragender Prediger und mutiger Bekämpfer der Irrlehren seiner Zeit und vertrat nachdrücklich den Primat der römischen Kirche. Er gilt als einer der größten Päpste des Altertums. Starb am 10. November 461. 1754 wurde er zum Kirchenlehrer erhoben. Patron von Neapel, Sizilien, der Musiker und Sänger. Fest 10. November.

Leo IX., geboren in Egisheim im Elsaß. Er ist der bedeutendste deutsche Papst des Mittelalters, wurde 1049 zum Papst gewählt. Er weihte mehrere Kirchen in Deutschland. Unter ihm erfolgte die lange vorbereitete Trennung der Ost- und Westkirche. Durch seine Reformtätigkeit wurde er ein Wegbereiter der Gregorianischen Reform. Starb am 19. April 1054. Patron der Organisten und Musiker und seines Geburtsortes Egisheim. Fest 19. April.

Leonhard, Franke, Schüler des hl. Remigius von Reims. Einsiedler bei Limoges. Er starb um 560 und wurde im Mittelalter zum volkstümlichen Heiligen, besonders auch in Deutschland und Österreich. Patron der Gefangenen, der Kranken und Wöchnerinnen, der Bauern und ihrer Anliegen. Dargestellt als Mönch mit Kette oder mit Gefangenen. Fest 6. November.

Leonie ↗Leo

Liborius, zweiter Bischof von Le Mans in Frankreich um 348–397. Zeitgenosse des hl. ↗Martin von Tours. Starb am 9. Juni 397. Seine Reliquien wurden 836 vom Bischof Alderich den Gesandten des Bischofs Badurad von Paderborn übergeben und nach Paderborn überführt. Patron der Erzdiözese Paderborn, angerufen gegen Grieß und Nierensteine, gegen Wassersucht, Fieber und Koliken. Dargestellt als Bischof mit Buch und Pfau. Fest 23. Juli.

Lieselotte ↗Elisabeth, Charlotte

Lilli ↗Elisabeth

Lioba, geboren aus vornehmer angelsächsischer Familie. Nonne im Kloster Wimborne. Verwandte des hl. ↗Bonifatius. Sie wurde von diesem zur Mitarbeit bei der Missionierung in Deutschland berufen. Seit 735 leitete Lioba verschiedene Klöster am Main, u. a. Tauberbischofsheim. Starb am 28. September um 782 in Schornsheim bei Mainz. Sie wurde in Fulda beigesetzt, 838 kamen ihre Gebeine in die Krypta der

Kirche auf dem Petersberg. Dargestellt als Benediktinerin mit Äbtissinnenstab. Fest 28. September.

Liudger, geboren um 742 in Friesland, wurde 777 zum Priester geweiht, wirkte anschließend in Dokkum, wurde 792 Leiter der Missionsarbeit unter Friesen und Sachsen und 804 erster Bischof von Münster. Erbaute den Dom und die Domschule in Münster, gründete die Klöster Nottuln, Helmstedt und Werden und zahlreiche Kirchen. Starb am 26. März 809 in Billerbeck. Sein Fest wird besonders in Münster, Billerbeck und Werden feierlich begangen. Dargestellt als Bischof mit Kirchenmodell oder mit zwei Gänsen, weil er sein Missionsgebiet wunderbar von Wildgänsen befreit hat. Fest 26. März.

Lorenz ↗Laurentius

Lotte ↗Charlotte

Louis ↗Ludwig

Ludwig IX., geboren am 25. April 1219 in Poissy, wurde bereits mit elf Jahren gekrönt, willensstark und bedürfnislos, eine echte asketische Gestalt. Brach 1248 zum Kreuzzug auf, geriet aber 1250 in Gefangenschaft und mußte sich durch hohes Lösegeld freikaufen, 1250–1254 weilte er in Palästina, wo er durch Verhandlung die Lage der Kreuzfahrerstaaten zu bessern suchte. 1267 brach er zu einem neuen Kreuzzug auf. Starb am 25. August 1270 vor Tunis an einer Seuche. Er war ein Vorbild ritterlicher Demut und Frömmigkeit. Dargestellt mit Fürstenmantel und Kreuzzugszeichen. Patron der Pilger, der Wissenschaft und zahlreicher Berufsgruppen. Fest 25. August.

Lukas, Arzt, Begleiter des hl. Apostels ↗Paulus. Er ist der Verfasser des Lukasevangeliums. Nach dem Tod des hl. ↗Paulus wirkte er in Achaia und starb in Böotien. Dargestellt als Maler der allerseligsten Jungfrau. Patron der Ärzte, der Maler, der Metzger, von Spanien, Padua, Bologna, Reutlingen. In der Commodillakatakombe in Rom hat er neben einer Schreibrolle auch eine Tasche mit ärztlichen Instrumenten. Symbol des hl. Lukas ist der Stier. Fest 18. Oktober.

Lucia, Märtyrin unter Kaiser Diokletian in Syrakus (Sizilien). Ihr Name wird im Meßkanon erwähnt. Dargestellt mit Schwert und Wunde am Hals, mit Palme und Öllampe. Patron der Augenkranken. Fest 13. Dezember.

Luzius, aus dem Stamm der Pritanni im nördlichen Churrätien, war im 5./6. Jahrhundert als Glaubensbote in der teilweise noch heidnischen Bevölkerung von Chur tätig. In karolingischer Zeit wurden seine Gebeine in die Ringkrypta von St. Luzi in Chur überführt. Fest 2. Dezember.

M

Magdalena ↗Maria Magdalena

Magda ↗Maria Magdalena

Magnus (St. Mang), geboren um 699. Er wurde Benediktiner in St. Gallen, missionierte seit 746 im Allgäu. Gründete in Füssen ein Kloster, wo er am 6. September um 772 starb. Bischof Lanto von Augsburg erhob um 840 seine Gebeine. Er wird besonders verehrt in Schwaben, in der Schweiz, in Tirol und Bayern. Er gehört zu den Vierzehn Nothelfern. Fest 6. September.

Marc ↗Markus

Mareike ↗Maria

Margareta (Marina) von Antiochien, sichere Nachrichten über ihr Leben fehlen. Starb in der Verfolgung unter Kaiser Diokletian. Sie wurde wegen ihrer Treue zum christlichen Glauben und zur Jungfräulichkeit enthauptet. Im Mittelalter erlangte ihre Verehrung große Volkstümlichkeit. Sie zählt zu den Vierzehn Nothelfern, wird besonders bei Geburtsnöten angerufen. Dargestellt als Siegerin über den Teufel (Drachen), mit Kranz und Palme. Patronin der Bauern. Fest 20. Juli.

Margarete Maria Alacoque, geboren 1647, trat 1671 in den Orden der Heimsuchung in Paray-le-Monial ein, wo sie sich dem Hl. Herzen Jesu weihte. Sie war mystisch begnadet und erhielt in Visionen den Auftrag, für die Einführung des Herz-Jesu-Festes zu wirken, jeden 1. Freitag im Monat zu kommunizieren, eine Stunde zu wachen und der Leiden Christi zu gedenken. Sie bemühte sich erfolgreich um die Anerkennung und Verbreitung der Herz-Jesu-Verehrung. Sie starb in Paray-le-Monial am 16. Oktober 1690, 1864 wurde sie selig- und 1920 heiliggesprochen. Fest 16. Oktober.

Margot ↗Margareta

Maria, Mutter Gottes, sie war die Verlobte des hl. ↗Joseph, stammte aus dem Geschlecht Davids. Der Erzengel ↗Gabriel verkündete ihr, daß sie die Mutter des Erlösers werden sollte. In Bethlehem gebar sie Jesus, bei seiner Darstellung im Tempel wurde ihr vom greisen Simeon geweissagt, daß ihre Seele ein Schwert durchdringen werde. Sie mußte vor den Nachstellungen des Herodes nach Ägypten fliehen. Bei ihrer Rückkehr ließ sie sich (mit Joseph und dem Jesuskind) in Nazareth nieder, wo sie in stiller Zurückgezogenheit lebte. Bei der Kreuzigung des Herrn stand sie unter dem Kreuz und nahm so Anteil am Leiden ihres Sohnes. Als Ort des Sterbens gelten Jerusalem oder Ephesus. Maria genoß bereits in der Alten Kirche starke Verehrung, besonders durch das Konzil von Ephesus, auf dem die Gottesmutterschaft Mariens definiert wurde. Im Mittelalter wurde von den Theologen besonders ihr Stehen unter dem Kreuz herausgestellt. Ihre Verehrung greift tief in das Volksleben ein. Sie ist Schutzpatronin vieler Länder, Städte und Kirchen. Marienstatuen findet man auf öffentlichen Plätzen. Sie steht im Mittelpunkt der Volksfrömmigkeit, so im Rosenkranz, Mutter-Gottes-Litanei, Maiandacht und Marienwallfahrten. Die Marienfeste sind mit religiösem Brauchtum verbunden. Maria wird angerufen als Helferin in aller Not, besonders bei Geburtsnot und Kriegsgefahr. Fest 8. September: Maria Namensfest (Regional: 12. September). Weitere Hauptmarienfeste: 2. Februar: Maria Lichtmeß, 25. März: Maria Verkündigung, 15. August: Maria Himmelfahrt, 15. September: Fest der Sieben Schmerzen Mariens, 8. Dezember: Fest der Unbefleckten Empfängnis Mariens.

Maria Goretti, geboren am 16. Oktober 1890, verlor mit 10 Jahren ihren Vater. Sie widerstand den Zumutungen eines jungen Mannes, der sie deshalb am 6. Juli 1902 mit 14 Messerstichen tötete. Sterbend verzieh sie ihrem Mörder, 1950 heiliggesprochen. Sie wird verehrt als Märtyrin der Unschuld. Seit 1951 Patronin der Marianischen Kongregationen. Fest 6. Juli.

Maria Magdalena, wurde von Jesus von der Besessenheit befreit und begleitete und unterstützte ihn. Die Evangelisten erwähnen sie beim Tode und auch beim Begräbnis Jesu. Am Ostermorgen vernahm sie die Botschaft der Auferstehung Jesu. Sie meldete dem Petrus und Johannes die Öffnung des Grabes. In späterer Überlieferung gilt sie als Schwester des Lazarus in Bethanien oder auch als die Sünderin zu Füßen Jesu. Bereits in altchristlicher Zeit dargestellt am Ostermorgen, als der Engel ihr am Grabe Jesu erscheint. Verschiedene Ordensgenossenschaften tragen ihren Namen. Patronin der gefallenen Mädchen. Fest 22. Juli.

Maria Magdalena von Pazzi, geboren am 2. April 1566 in Florenz, trat 1582 in ihrer Vaterstadt in ein Karmelitenkloster. In qualvollen körperlichen und seelischen Leiden wurde sie zur mystischen Gottesvereinigung geführt. Ihr Wahlspruch: Leiden, nicht sterben. Starb am 25. Mai 1607. Dargestellt mit brennenden Kerzen in der Hand und einer Dornenkrone. Fest 25. Mai.

Marietta ↗Maria Goretti

Markus (Marcus), Apostel und Evangelist, Sohn der Maria, in deren Haus sich die Urgemeinde versammelte. Er wurde von ↗Barnabas und ↗Paulus nach Antiochien mitgenommen, begleitete sie auf der ersten Missionsreise, kehrte aber nach Betreten Kleinasiens allein nach Jerusalem zurück. Er ist der Verfasser des Markusevangeliums und gilt als Gründer der Kirche von Alexandrien. Spätere Legenden berichten von einer Übertragung seiner Reliquien nach Venedig, Aquileja und der Reichenau. Wegen der Bittprozession am 25. April wurde Markus zum „Wetterherrn", Patron der Notare, angerufen gegen plötzlichen Tod. Fest 25. April.

Marlies ↗Maria, Elisabeth

Martha, Jungfrau, Schwester des Lazarus und der Maria von Bethanien, befreundet mit Jesus. Sie erscheint als die geschäftige, um die Bedienung Jesu besorgte Frau. Patronin der Hausfrauen. Viele Ordensgenossenschaften sind nach ihr benannt. Fest 29. Juli.

Martin I., geboren in Todi in Umbrien, Papst von 649–655. Weil er den Monotheletismus auf der Lateransynode 649 verurteilt hatte, wurde er am 17. Juni 653 vom Kaiser verbannt. Der römische Klerus wählte noch zu seinen Lebzeiten Eugen I. als Nachfolger. Martin starb am 16. September 655 in Cherson auf der Krim. Die Kirche verehrt ihn als Märtyrer. Dargestellt im Kerker mit päpstlichen Insignien. Fest 13. April.

Martin von Porres, geboren am 9. Dezember 1569, zeichnete sich als heilkundiger Laienbruder durch aufopfernde Nächstenliebe und tiefe Frömmigkeit aus. Er starb 1639 in Lima. Fest 3. November.

Martin von Tours, geboren 316/317 in Sabaria in Pannonien, trat mit 15 Jahren in die römische Armee ein. Ließ sich mit 18 Jahren taufen, verließ die Armee und wurde Schüler des hl. ↗Hilarius von Poitiers. Begab sich nach Illyricum, um zu missionieren, zog sich als Einsiedler auf eine Insel bei Genua zurück. Gründete 361 das erste Kloser Galliens in Ligugé. 371 wurde er vom Volk zum Bischof von Tours gewählt. Er stiftete 375 das Kloster Marmoutier, das zu einem Zentrum asketischer Kultur wurde. Auf Missionsreisen bemühte er sich um die Ausbreitung des Glaubens. Seine Verbindung von asketischem Mönchsideal und Apostolat wurde vorbildlich. Starb am 8. November 397. Seine Verehrung in Liturgie und Volksfrömmigkeit breitete sich schnell aus. Er ist einer der ersten Nichtmärtyrer, dem offiziell kirchliche Verehrung zuteil wurde. Sein Grab wurde fränkisches Nationalheiligtum. Viele Kirchen wurden ihm geweiht. Oft dargestellt in der Kunst, besonders wie er mit dem Bettler den Mantel teilt. Patron vieler Berufe. Fest 11. November.

Marzellinus und **Petrus,** Hll., römische Märtyrer unter Kaiser Diokletian um 304. Ihre Gruft in Rom wurde 1896 aufgefunden. Patrone von Seligenstadt. Fest 2. Juni.

Mathilde (Mechthild), geboren um 895 als Tochter des sächsischen Grafen Dietrich und Urenkel des Herzogs Widukind. Sie wurde von der Großmutter, Äbtissin Mathilde in Herford, erzogen und vermählte sich 909 mit König Heinrich I. Ihrer Ehe entsprossen fünf Kinder. Fromme Werke und Klostergründungen lassen sie schon ihren Zeitgenossen als eine Frau von bewundernswürdiger Heiligkeit erscheinen. Sie starb am 14. März 968 zu Quedlinburg und wurde in der dortigen Schloßkirche beigesetzt. Dargestellt als Königin, Klosterstifterin, ein Kirchenmodell in Händen, als Wohltäterin der Armen. Fest 14. März.

Matthäus, Apostel und Evangelist. Er trug den Namen Levi und wurde von Christus von der Zollbank zum Apostel berufen. Die Nachrichten über seine weiteren Lebensschicksale tragen legendarische Züge. Seine Reliquien sollen aus Äthiopien zuerst nach Paestum, im 10. Jahrhundert von hier nach Salerno gebracht worden sein. Er gilt als Märtyrer. Patron von Salerno, der Finanz-, Steuer- und Zollbeamten. Fest 21. September.

Matthias, Apostel, wurde an Stelle des Verräters Judas zum Apostelamt durch das Los bestimmt. Seine Gebeine kamen durch die hl. ↗Helena und den hl. Agricius nach Trier in die Matthiasbasilika. Es ist das einzige Apostelgrab in Deutschland. Patron des Trierer Landes und vieler Städte und handwerklicher Berufe. Fest 24. Februar.

Mauritius, Märtyrer um 290 bei Agaunum (Wallis), Führer der Thebaischen Legion. Um 380 erbaute man über seinen Gebeinen eine Basilika, die zu einem berühmten Wallfahrtsort, zum Mittelpunkt weiterer Missionierungen und zur späteren Abtei St. Moritz wurde. Dargestellt in Rüstung zu Fuß oder zu Pferd. Patron der Soldaten, Waffenschmiede und mehrerer Städte. Angerufen zum Schutz der Pferde. Fest 22. September.

Maximilian Kolbe, geboren am 7. Januar 1894 in Zdunska-Wola in Polen, baute als Minoritenpriester seit 1922 in Polen, seit 1930 in Japan die katholische Presse auf. 1936 nach Polen zurückgekehrt, wurde er 1940 ins KZ verschleppt. 1941 opferte er freiwillig sein Leben in Stellvertretung für einen jungen Familienvater, der als Geisel hingerichtet werden sollte. Fest 14. August.

Mechthild, geboren um 1208/10 im Raum von Magdeburg, erhielt von ihren wahrscheinlich adeligen Eltern eine hervorragende Ausbildung. Mit zwölf Jahren erfuhr sie ihre erste Begnadung. Seit 1230 führte sie in Magdeburg ein strenges Leben als Begine nach der Regel des hl. Dominikus. Ab 1250 zeichnete sie ihre mystischen Gnadenerweise auf in dem Buch „Das fließende Licht der Gottheit". Es ist das erste Werk der Deutschen Mystik in deutscher Sprache. Infolge vieler Leiden und Verfolgungen begab sich Mechthild dann in das Zisterzienserinnenkloster Helfta, wo sie noch zwölf Jahre lebte. Sie starb 1282 oder 1294. Fest 15. August.

Meinrad, geboren Ende des 8. Jahrhunderts im Sülichgau in Württemberg, wurde Priester und Mönch auf der Insel Reichenau, später Vorsteher der Schule Benken am oberen Zürichsee, dann Einsiedler auf dem Etzelpaß, seit 835 in Einsiedeln. Er starb am 21. Januar 861 (von zwei Räubern getötet). Seine Grabstätte fand er auf der Reichenau, seine Gebeine wurden 1039 nach Einsiedeln übertragen. Dargestellt mit zwei Raben, die seine Mörder umkreisen. Fest 21. Januar.

Melchior, mit ↗Kaspar und ↗Balthasar einer der Weisen aus dem Morgenland. Ihre Reliquien kamen 1164 durch Rainald von Dassel nach Köln. Patron gegen Kropf und Geschwüre. Fest 6. Januar.

Methodius, geboren in Thessalonike, verließ 840 den Staatsdienst und wurde Mönch, begleitete 860 seinen Bruder ↗Cyrill auf seiner Missionsreise zu den Chasaren, wirkte seit 863 als sein engster Mitarbeiter in Mähren und Pannonien. 868 wurde er durch Hadrian II. zum Priester geweiht und 869 zum Erzbischof von Pannonien und Mähren und zum Legaten des Apostolischen Stuhles bei den Slawen ernannt. Er starb am 6. April 885. Methodius gilt neben Cyrill als der Gründer der kirchenslawischen Sprache. 1851 entstand die „Bruderschaft der Heiligen Cyrillus und Methodius", die 1886 durch das „Apostolat der heiligen Cyrillus und Methodius" ersetzt wurden. Fest 14. Februar.

Michael, Erzengel, einer der höchsten Engel, der himmlische Fürst Israels. Das Neue Testament berichtet von Michael und seinem Streit mit dem Teufel um den Leichnam des Moses und als Anführer seiner Engel im siegreichen Kampf mit dem Teufel und dessen Engeln. Er gilt als der Engel des christlichen Volkes, steht den Sterbenden bei, geleitet ihre Seelen zum Himmel. So wurde Michael Patron der Friedhofskapellen. Dargestellt mit der Seelenwaage, mit Schwert und Lanze als Bekämpfer des höllischen Drachen. Sein Kult breitete sich vom Orient her, besonders seit dem 5. Jahrhundert, im Abendland aus. Er gilt als Patron des deutschen Volkes, die Reichsfahne trug sein Bild. Nach ihm benennen sich zahlreiche religiöse Genossenschaften und Bruderschaften. Dargestellt als ritterlicher Engel mit Schild „Wer ist wie Gott?" Fest 29. September.

Mike ↗Michael

Monika, um 332 in Tagaste (Numidien) von christlichen Eltern geboren, vermählte sich mit dem Heiden Patricius, der 371 als Christ starb. Ihre Ehe war gesegnet mit mindestens drei Kindern. Ihr Sohn, der hl. ↗Augustinus, setzte ihr in seinen „Bekenntnissen" ein unvergängliches Denkmal. Trotz einer inneren Entfremdung während Augustinus' manichäischer Zeit, folgte Monika ihm nach Rom und Mailand. Sie starb Herbst 387 in Ostia auf der Rückreise nach Afrika. Ihre Gebeine wurden 1162 nach dem Augustinerkloster Arrouaise bei Arras übertragen. Andere Gebeine kamen 1430 von Ostia nach S.Agostino in Rom. Dargestellt mit dem hl. Augustinus. Patron der Frauen und Mütter und für die Seelenrettung der Kinder. Fest 27. August.

N

Nancy ↗Anna

Nereus und **Achilleus,** zwei zum Christentum bekehrte Soldaten, die unter Diokletian hingerichtet wurden. Fest 12. Mai.

Nicole ↗Nikolaus

Niels ↗Kornelius

Nikolaus von Flüe, Bruder Klaus genannt, wurde 1417 auf dem Flüeli bei Sachseln (Schweiz) geboren. Er war schon in seiner Jugend besonders begnadet. Als Ehemann und Familienvater von zehn Kindern verließ er am 16. Oktober 1467 Familie, Haus und Hof und ging in die Einsamkeit und ließ sich im Ranft bei Flüeli nieder. Er war einer der letzten spätmittelalterlichen Mystiker und wirkte als geistlicher und politischer Mahner und Berater. Er rettete die Einheit der Schweiz auf der Tagsatzung zu Stans am 22. Dezember 1481, trug viel zur Befriedung des Landes bei und erhielt den Ehrennamen „Landesvater" und „Friedensstifter". Er starb am 21. März 1487 im Ranft bei Flüeli. 1947 wurde er heiliggesprochen. Fest 25. September.

Nikolaus von Myra, gilt als Bischof von Myra in Lykien, der wahrscheinlich in der ersten Hälfte des 4. Jahrhunderts lebte. Er ist einer der am meisten verehrten Heiligen. Historische Nachrichten über ihn fehlen. Sein Kult ist bereits seit dem 6. Jahrhundert in Myra und Konstantinopel nachweisbar. Nach der Legende befreite er drei zu Unrecht eingekerkerte Offiziere, ermöglichte durch heimliche Geldspenden drei armen Mädchen die Heirat, rettete Schiffer in Seenot, 1087 wurden seine Gebeine nach Bari überführt. Seine Verehrung verbreitete sich im ganzen Abendland. Nikolaus ist Patron zahlreicher Kirchen, Städte, Länder und Stände und beliebtester Nothelfer. Fest 6. Dezember.

Nino ↗Johannes

Notburga, lebte nach der Legende im 9. oder 10. Jahrhundert, war Küchenmagd auf Schloß Rottenburg (Tirol). In der Rupertskapelle im Dorf Eben ist sie beigesetzt. Sie gilt als die Volksheilige Tirols. Ihre Begräbnisstätte, die seit dem 16. Jahrhundert in St. Notburga umbenannt wurde, ist Wallfahrtsort. Ihre Gebeine wurden 1718 erhoben. Dargestellt mit Sichel, Krug und Brot, oft in einheimischer Tracht. Patronin der Bauern und Dienstmägde, angerufen bei Geburtsnöten und Viehkrankheiten. Fest 13. September.

O

Odilia (Otilia, Ottilia), geboren um 660 als Tochter des elsässischen Herzogs Attich, gründete auf der Hohenburg das später nach ihr genannte Kloster Odilienberg, wo sie als erste Äbtissin segensreich wirkte. Starb um 720. Seit dem 9. Jahrhundert als Heilige verehrt. Ihr Grab in der Johanniskirche, später in einer eigenen Kapelle, von Odilienberg wurde vielbesuchter Wallfahrtsort. Dargestellt mit einem Buch, auf dem zwei Augen liegen, erlöst die Seele ihres Vaters durch ihr Gebet aus dem Fegfeuer. Patronin des Elsaß, von Niedermünster, Odilienberg und Straßburg. Angerufen bei Augen-, Kopf- und Ohrenkrankheiten. Fest 13. Dezember.

Olaf (Olav) **II. Haraldsson,** König von Norwegen, wurde um 995 geboren und 1014 in Rouen getauft. Er kehrte 1015 nach Norwegen zurück, brach die Macht der Dänen und einte das Reich. Er unterstützte die Wanderbischöfe bei der Christianisierung und nahm Verbindung mit dem Erzbischof von Bremen auf. Doch 1028 errangen die Heiden die Übermacht, vertrieben ihn mit Hilfe des Dänenkönigs Knud des Großen. Beim Versuch, sein Reich zurückzuerobern, fiel er im Kampfe bei Stiklestad. Er starb am 29. Juli 1030. Sein Grab im Dom zu Drontheim war im Mittelalter Wallfahrtsziel. Patron Norwegens. Fest 29. Juli. (Regional 10. Juli)

Oskar ↗Ansgar

Otto von Bamberg, geboren 1060/62 aus schwäbischem Adel, ging 1088 als Hofkaplan nach Polen. 1090 beauftragte ihn Heinrich IV. mit der Betreuung des Dombaues in Speyer. Er wurde königlicher Kaplan und Kanzler Heinrichs IV., 1102 Bischof von Bamberg. Seine Weihe erhielt er 1106 von Papst Paschalis II. 1111 übersandte ihm der Papst das Pallium. Otto hielt auch nach der Verhängung des Bannes über Heinrich V. bei diesem aus, wurde deshalb 1118 vom Papst suspendiert, bemühte sich aber seit 1121 um eine Versöhnung zwischen Kaiser und Papst. 1124 brach er zu seiner ersten Missionsreise nach Pommern auf, von der er 1125 zurückkehrte. Seine zweite Missionsreise machte er 1128, durch die das Christentum in Pommern endgültig gesichert werden konnte. Die reichen Schenkungen, die er erhielt, ermöglichten ihm die Gründung zahlreicher Klöster und Abteien. Er starb am 30. 6. 1139 in Bamberg und wurde im Kloster Michelsberg, einer seiner Gründungen, begraben. Seine Heiligsprechung erfolgte bereits 1189 durch Papst Clemens III. Dargestellt mit Kirchenmodellen, Patron gegen Fieber und Tollwut. Fest 30. Juni.

P

Pankratius, römischer Märtyrer, starb wahrscheinlich unter Kaiser Diokletian, beigesetzt an der Via Aurelia in Rom. Über seinem Grabe wurde schon um 500 eine Basilika errichtet, die Titelkirche ist. Pankratius gehört zu den Vierzehn Nothelfern und zu den Eisheiligen. Dargestellt mit Schwert und Palme. Patron mehrerer Städte und der Kinder. Angerufen bei Kopfweh und Verleumdung. Fest 12. Mai.

Pat ↗Patrick

Patrick, um 385 in Britannien geboren, wurde 401 von Piraten nach Irland verschleppt und konnte 407 entfliehen, ging 432 als Missionar nach Irland zurück. Erreichte die Bekehrung von Stammeskönigen und Vornehmen, fand aber auch erbitterten Widerstand. Armagh machte er zu seinem Bischofssitz. In seinem „Bekenntnis" gibt er einen Rechenschaftsbericht über sein Leben und missionarisches Wirken. Er starb 461, wahrscheinlich in Saul bei Downpatrick (Nordirland). Bis auf den heutigen Tag ist er der Nationalheld des irischen Volkes. Seine Verehrung war im Mittelalter weit verbreitet. Sein Name ist mit zahlreichen Quellen Irlands verknüpft. Dargestellt mit Kleeblatt und Schlangen. Patron von Irland und Island, der Bergleute und des Viehs. Fest 17. März.

Paul vom Kreuz, geboren am 3. Januar 1694 zu Ovada (Piemont). 1716 entschloß er sich zu einem Leben der Vollkommenheit, schrieb als Einsiedler 1720 „Die Regel der Armen Jesu" und gründete die Kongregation der Passionisten und Passionistinnen. 1725 gestattete ihm Papst Benedikt XIII. Gefährten um sich zu sammeln. 1727 erhielt er die Priesterweihe und gründete 1728 die erste Niederlassung auf dem Monte Argentario bei Orbetello. Von 1730–1763 wirkte er als erfolgreichster Prediger seines Jahrhunderts. Einflußreich war seine Passionsmystik. Er starb am 18. Oktober 1775 zu Rom. 1853 wurde er selig-, 1867 heiliggesprochen. Dargestellt wird er mit einem Kreuz auf schwarzem Habit und Leidenswerkzeugen. Fest 19. Oktober.

Paulinus von Nola, geboren um 353 bei Bordeaux, kam nach Rom und wurde vom hl. ↗Ambrosius im christlichen Glauben unterrichtet. 385 heiratete er die spanische Christin Theresia und wurde bald darauf vom Bischof von Bordeaux getauft. 394 erhielt er die Priesterweihe, verkaufte seine Güter und zog sich nach Nola zurück, wo er ein mönchisches Leben führte. Um 409 wurde er zum Bischof von Nola geweiht. Berühmt wurde er wegen seiner Liebe zu den Armen. Schon zu Lebzeiten wurde er als Heiliger verehrt. Seine erhaltenen Briefe zeugen von seinem Leben der Armut. Starb am 22. Juni 431 zu Nola. Dargestellt: Almosen austeilend. Patron von Nola. Fest 22. Juni.

Paulinus von Trier, kämpfte mit dem hl. ↗Athanasius 347 als Priester gegen die arianische Irrlehre, wurde 349 Bischof von Trier, nahm 353 am Konzil von Arles teil. Wegen seines Kampfes gegen die Arianer wurde er 353 nach Phrygien verbannt, wo er am 31. August 358 starb. Nach 30 Jahren wurden seine Gebeine nach Trier überführt und in St. Paulinus beigesetzt. Dargestellt mit einer Taube. Fest 31. August.

Paulus, Apostel, mit jüdischem Namen Saul, wurde um 10 nach Christus in Tarsus von jüdischen Eltern geboren. Von Jugend an war er ein Eiferer für die väterlichen Überlieferungen. Als Pharisäer erlernte er das Handwerk des Zeltmachers. Im Alter von 18–20 Jahren, sicher erst nach dem Tode Jesu, ging Paulus nach Jerusalem, um sich dem Studium des alttestamentlichen Gesetzes zu widmen. Mit Empfehlungsschreiben des Synedriums von Jerusalem wandte er sich nach Damaskus, um die dortigen Christen zu verfolgen. Vor den Toren der Stadt erlebte er seine Bekehrung, wurde in Damaskus von Ananias getauft und kündete in den dortigen Synagogen von Jesus als Messias. Anschließend zog er sich nach Arabien zurück, kam von da nach Jerusalem, um den Kephas kennen zu lernen. Um das Jahr 44 holte ihn ↗Barnabas zur Mitarbeit am Missionswerk nach Antiochien. Von hier aus begannen sie ihre erste Missionsreise und kamen nach Cypern, Galatien bis nach Derbe. Sie beteiligten sich am Apostelkonzil in Jerusalem. Auf seiner zweiten Missionsreise besuchte Paulus die früher gegründeten kleinasiatischen Gemeinden, kam u. a. nach Korinth, wo er anderthalb Jahre wirkte. Eine dritte Reise führte ihn nach Ephesus, wo er zweieinhalb Jahre mit großem Erfolg das Christentum verkündete. Im Jahre 58 wurde er in Jerusalem verhaftet, nach zwei Jahren Gefangenschaft nach Rom überführt, wo er im Frühjahr 61 eintraf. Er erlitt in der Verfolgung des Kaisers Nero zwischen 64 und 68 den Märtyrertod. Paulus ist der größte Heidenmissionar. Er gilt als der erste christliche Theologe. Großen Einfluß hat er durch seine Briefe ausgeübt. Besondere Verehrung erlangte Paulus in Rom. Er ist mit Petrus Gründer der römischen Gemeinde. Dargestellt: in der Rechten ein Buch, in der Linken ein Schwert. Angerufen gegen Hagel, Blitz und Fieber. Patron zahlreicher Städte, der Theologen, der Presse, der Zeltmacher. Fest 29. Juni.

Paul Miki, aus vornehmer japanischer Familie stammend, wirkte als einer der bedeutendsten Jesuitenmissionare unter seinen Landsleuten. 1596 wurde er mit 25 anderen Christen verhaftet, zum Kreuzestod verurteilt und kurz darauf in Nagasaki hingerichtet. Fest 6. Februar.

Pepi ↗Josef

Perpetua, Märtyrin aus Karthago, die zusammen mit der hl. ↗Felizitas 202/203 hingerichtet wurde. Über ihr Martyrium besitzen wir einen ergreifenden Augenzeugenbericht. Fest 7. März.

Petrus, Apostel, Sohn des Jonas, erhielt den Namen Simon, war Fischer und wohnte in Kapharnaum. Er wurde vom Herrn am See Genesareth berufen und nahm im Kreis der Jünger eine anerkannte Sonderstellung ein. Christus bezeichnete ihn als den Fels, auf den er seine Kirche bauen werde. Er starb während der Verfolgung des Nero in Rom, wo er bald – zusammen mit Paulus – eine besondere Verehrung in Rom genoß. Hauptzentrum der Verehrung wurden die Peterskirche mit dem Petrusgrab. Sein Kult dehnte sich über die ganze Kirche aus. Petrus ist Patron der Fischer, Schiffer, Schlosser und Brückenbauer. Er gilt als Wettermacher und Himmelspförtner. Dargestellt mit Schlüssel und Hahn, angerufen bei Fieber, Fallsucht und gegen Diebe. Fest 29. Juni.

Petrus Chrysologus, um 380 bei Imola geboren, wurde Kleriker und um 431 Bischof von Ravenna. Er war ein berühmter Prediger. Seine Predigten, von denen noch 183 erhalten sind, trugen ihm den Beinamen „Goldredner" ein. Er starb am 3. Dezember 450 in Imola. 1729 wurde er zum Kirchenlehrer erhoben. Fest 30. Juli.

Petrus Kanisius, geboren am 8. Mai 1521 in Nijmegen, studierte Theologie, kam in Köln mit einem Reformkreis zusammen und schloß sich 1543 der Gesellschaft Jesu an, nachdem er bei Petrus Faber die „Geistlichen Übungen" gemacht hatte. Um ihn bildete sich in Köln die erste Jesuitenniederlassung auf deutschem Boden. Der Bischof von Augsburg Kardinal Otto Truchseß von Waldburg berief ihn als seinen Theologen zum Konzil von Trient. Ignatius bestimmte ihn für die Arbeit in Deutschland. In den folgenden Jahrzehnten war er maßgeblich am Wiederaufbau der katholischen Kirche in Deutschland beteiligt. Er wurde 1556 Provinzial der deutschen Jesuitenprovinz. Bedeutend war sein Einfluß auf die Kirchenpolitik, noch stärker sein Einfluß als theologischer Schriftsteller. Seine Katechismen wurden seine größte Leistung. 1580 ging Canisius nach Freiburg (Schweiz) zum Aufbau des dortigen Kollegs. Er starb dort am 21. Dezember 1597. 1864 wurde er selig- und 1925 heiliggesprochen und gleichzeitig zum Kirchenlehrer erhoben. Er gilt als zweiter Apostel Deutschlands und der Schweiz. Fest 27. April.

Philipp, Apostel, stammte aus Bethsaida. Er war der Freund des ↗Andreas und gehörte zum Kreis der Johannesjünger. Er soll mit zwei seiner jungfräulichen Töchter zu Hierapolis gestorben sein. Seine Reliquien werden in der Kirche der Zwölf Apostel zu Rom verehrt. Dargestellt mit Kreuz und Buchrolle, Patron der Hutmacher. Fest 3. Mai.

Philipp Neri, geboren am 21. Juli 1515 in Florenz, verlor mit fünf Jahren seine Mutter. Seine erste Ausbildung erhielt er bei den Dominikanern in Florenz, lebte später bei seinem Onkel, seit 1536 in Rom. Hier führte er völlig mittellos ein Leben der Nachfolge Christi in Gebet und Apostolat und erlebte außerordentliche Visionen. 1551 empfing er die Priesterweihe, sammelte Gefährten um sich und gründete sein „Oratorium". 1564 übernahm er die Leitung einer Pfarrei in Rom. Seine Kongregation des „Oratoriums" erhielt 1575 die päpstliche Bestätigung. Starb am 26. Mai 1595 in Rom. Er gilt als der zweite Apostel von Rom. Schon zu seinen Lebzeiten wurde er als Heiliger verehrt, 1622 heiliggesprochen. Sein Fest ist Volksfest in Rom. Dargestellt als Oratorianerpriester, knieend vor der Gottesmutter. Fest 26. Mai.

Pierre ↗Petrus

Pierre Chanel, geboren am 12. Juli 1803 in Portière, wirkte seit 1837 als Glaubensbote in Westozeanien. Aus Furcht um seine Herrschaft ließ der König ihn 1841 ermorden, als sich sein Sohn zum Glauben bekehrte. Zu Lebzeiten blieben Chanel, dem ersten Märtyrer Ozeaniens, größere Missionserfolge versagt. Nach seinem Tode kam die ganze Insel Futuna zum Glauben. Fest 28. April.

Pirmin, Klosterbischof des 8. Jahrhunderts. Er stammte aus Aquitanien oder Spanien, missionierte im westlichen Frankenreich, reformierte und gründete am Oberrhein mehrere Klöster. Er war ein Zeitgenosse des hl. ↗Bonifatius, mit dem er aber keine Verbindung hatte. Er schrieb ein missionsgeschichtlich aufschlußreiches „Missionsbüchlein". Starb am 3. November 753 zu Hornbach. Seine Gebeine kamen 1575 nach Innsbruck. Er ist Patron der Rheinpfalz und des Elsaß. Angerufen gegen Rheuma, um eine glückliche Entbindung und gegen Schlangen und Ratten, die er bei der Gründung der Reichenau vertrieben haben soll. Fest 3. November.

Pius V., geboren am 17. Januar 1504 in Bosco bei Alessandria, trat 1518 in den Dominikanerorden ein, wurde 1528 Priester. Er wirkte als Lektor und Provinzial, seit 1556 als Bischof von Sutri und Nepi. 1557 wurde er zum Kardinal ernannt und 1566 zum Papst gewählt. Er bemühte sich erfolgreich um die Durchführung der Reformen des Konzils von Trient, veranlaßte die Herausgabe des „Römischen Katechismus", des römischen Breviers und des römischen Meßbuches, drang auf die Einhaltung des Zölibates und die strenge Handhabung der Glaubenszensur und zählt zu den bedeutendsten Reformpäpsten. Der Seesieg über die Türken bei Lepanto 1571 war sein großer Erfolg. Er starb nach einem heiligmäßigen, asketischen Leben am 1. Mai 1572. Sein Grab befindet sich in S. Maria Maggiore. Er wurde 1572 selig- und 1712 heiliggesprochen. Dargestellt mit Rosenkranz. Patron der Dominikaner. Fest 30. April.

Pius X., geboren am 2. Juni 1835 in Riese bei Treviso, wurde 1858 Priester, 1884 Bischof von Mantua, 1893 Patriarch von Venedig und Kardinal, 1903 erfolgte seine Wahl zum Papst. Seine Hauptbemühungen galten der Lösung innerkirchlicher Aufgaben: der Pflege des religiösen Lebens bei Klerus und Volk, der besseren Ausbildung des Klerus, der Bewahrung der Glaubenslehre und der Verteidigung der Rechte der Kirche. Einflußreich wurde er besonders durch seine Förderung der öfteren und täglichen hl. Kommunion. Er war ein Freund der Armen und zählt zu den großen Reformpäpsten. Er starb am 20. August 1914. 1951 wurde er selig- und 1954 heiliggesprochen. Fest 21. August.

Polykarp, geboren um das Jahr 70. Er wurde vom hl. Apostel ↗Johannes zum Bischof von Smyrna bestellt. Starb am 23. Februar 155 oder 156 im Stadion zu Smyrna als Märtyrer. Das „Märtyrium des Polykarp", ein Bericht der Gemeinde von Smyrna an die zu Philomelion, gehört zu den ältesten christlichen Märtyrerakten. Dargestellt mit Krone oder Palme in der Hand oder mit Löwen. Fest 23. Februar.

Pontianus, geboren in Rom, Papst von 230/32–235. Er wurde 235 nach Sardinien verbannt, entsagte der päpstlichen Würde und starb in der Verbannung als Zwangsarbeiter in den Bergwerken Sardiniens. Sein Todesdatum ist unbekannt. Seine Gebeine kamen unter Papst Fabian nach Rom und wurden in der Calixtuskatakombe beigesetzt. Fest 13. August.

R

Rabanus Maurus, geboren 780 in Mainz, wurde Benediktiner und 822 Abt von Fulda, 847 Erzbischof von Mainz. Er entfaltete eine reiche literarische Tätigkeit und erhielt den Ehrennamen „Lehrer Germaniens". Starb am 4. Februar 856 in Mainz. Fest 4. Februar.

Raimund von Peñafort, geboren 1175/80 bei Barcelona. Er studierte Rechtswissenschaft in Barcelona und Bologna und kehrte 1220 in seine Heimatstadt zurück, wo er Kanoniker wurde. 1222 verfaßte er die Konstitutionen für den Orden der Mercedarier zum Loskauf der Gefangenen. Im gleichen Jahr trat er in den Dominikanerorden ein und lehrte von 1223 bis 1229 an der Ordenshochschule in Rom. 1230 wurde er an die Kurie berufen und arbeitete seitdem an einer Sammlung der päpstlichen Dekretalen, die ein Teil des kirchlichen Rechtsbuches wurden. Von 1238–1240 wirkte er als Ordensgeneral. Er starb am 6. Januar 1275 in Barcelona. 1601 heiliggesprochen, Patron der Kirchenrechtler und von Barcelona. Fest 7. Januar.

Raphael, Erzengel, im Alten Testament im Buch Tobias erwähnt als Reisebegleiter des ↗Tobias. Patron der Reisenden, der Kranken, auch der deutschen Auswanderer. Nach ihm ist der St. Raphaelsverein benannt. Fest 29. September.

Regula, Schwester des hl. ↗Felix

Resi ↗Theresia

Robert Bellarmin, geboren am 4. Oktober 1542 zu Montepulciano in Toscana. Er studierte im Jesuitenkolleg seiner Vaterstadt, wurde 1560 Jesuit, erhielt 1570 die Priesterweihe und wirkte von 1570–76 als Theologieprofessor und bedeutender Kanzelredner in Löwen. Papst Gregor VIII. berief ihn 1576 ans Römische Kolleg, wo er bis 1588 dozierte und Seelenführer war. Von 1594–1597 wirkte er als Provinzial in Neapel, wurde dann von Papst Klemens VIII. wieder nach Rom berufen und 1599 zum Kardinal ernannt. 1602 wurde er Erzbischof von Capua, kehrte aber 1605 nach Rom zurück. Großen Einfluß übte er durch seine Kontroversschriften aus. Er starb am 17. September 1621 in Rom. Seine Gebeine, die zuerst in der Kirche al Gesù bestattet wurden, ruhen seit dem 21. Mai 1923 in St. Ignatius. Seine Seligsprechung, schon 1627 eingeleitet, erfolgte 1923 durch Pius XI., seine Heiligsprechung am 29. Juni 1930. Fest 17. September.

Romuald, geboren um 952 in Ravenna aus dem langobardischen Herzogsgeschlecht der Onesti, trat 972 bei den Benediktinern in S. Apollinare zu Classe bei Ravenna ein, wurde 998 Abt, dankte aber schon 999 ab und gründete die Einsiedlerkolonie Camaldoli, die das Mutterkloster seiner Gründung, der Kamaldulenser, wurde. Sein Schüler war der hl. ↗Bruno von Querfurt. Romuald starb am 19. Juni 1027 in einer Klause beim Kloster Val di Castro. Dargestellt als Eremit oder Abt im Kamaldulenser-Habit, mit Buch und Totenkopf oder Himmelsleiter. Fest 19. Juni.

Rosa von Lima, geboren 20. April 1586 in Lima (Peru). Sie war bereits in früher Jugend vom Geist des Gebetes und der Buße erfüllt und wurde 1606 Dominikanerterziarin. Sie opferte ihre schweren Seelenleiden für die Bekehrung ihres Volkes auf und empfing außerordentliche mystische Gnaden. Sie starb am 24. August 1617, 1648 selig-, 1671 heiliggesprochen. Angerufen als Helferin bei Entbindungen, Verletzungen und Familienzwist. Dargestellt mit Rose oder Krone, Patronin von Lima, Peru und Amerika. Fest 23. August.

Rupert, stammte aus dem rheinfränkischen Geschlecht der Robertiner. Er war vermutlich Bischof von Worms und wurde später Gründer und erster Bischof von Salzburg, wo er eine rege Missions- und Kulturtätigkeit entfaltete. Er erbaute das Kloster St. Peter, das zugleich seine bischöfliche Wohnung war. Er starb am 27. März um 720. 774 übertrug der hl. ↗Virgil seine Gebeine in den neuen Dom. Eine besondere Verehrung erfuhr Rupert in Österreich und Bayern. Er ist Patron des Erzbistums Salzburg, des Salzbergbaus und der Salzarbeiter. Auch angerufen bei Rotlauf und gegen Krämpfe. Fest 24. September.

S

Sabina, Jungfrau und Märtyrin in Rom. Nach der Legende soll sie in Rom enthauptet worden sein. Ihr ist die Kirche S. Sabina auf dem Aventin in Rom geweiht. Patronin der Hausfrauen und der Kinder. Fest 29. August.

Sandra ↗Alexander

Sascha ↗Alexander

Sebastian, römischer Märtyrer im 4. Jahrhundert unter Kaiser Diokletian. Nach der Legende soll er Offizier der kaiserlichen Leibgarde gewesen und durch Pfeile verwundet worden sein. Schon seit dem Altertum gilt ihm besondere Verehrung. An seiner Grabstätte an der Via Appia in Rom entstand die große Basilika S. Sebastiano. Sebastian-Bruderschaften gegen Pest und Seuchen waren im Mittelalter weit verbreitet. 826 kamen Reliquien nach St-Medard in Soissons, 1250 nach Hagenau. Patron der Schützenbruderschaften, für kränkliche Kinder, angerufen gegen Viehseuchen. Er wird auch als Brunnenheiliger verehrt. Die älteste Sebastian-Darstellung ist ein Mosaik in der Calixtuskatakombe zu Rom mit Tunika und Pallium. Fest 20. Januar.

Selma ↗Anselm

Sepp ↗Josef

Servatius, stammte aus dem Osten, wurde um 345 erster Bischof von Tongern, nahm 359 an der Synode von Rimini teil. Er starb Ende des 4. Jahrhunderts. Bald nach seinem Tod entwickelte sich seine Verehrung,die sich in ganz Westeuropa ausbreitete. Angerufen gegen Frostschäden, als Eisheiliger verehrt. Dargestellt mit einem Silberschlüssel. Fest 13. Mai.

Severin, Bischof von Köln in der zweiten Hälfte des 4. Jahrhunderts. Über seinem Grabe wurde die Kirche St. Severin errichtet. Seit dem 10. Jahrhundert ist die Verehrung des hl. Severin auch außerhalb des Rhein-Maas-Gebietes verbreitet. Stadtpatron von Köln. Fest 23. Oktober.

Silvester I., geboren in Rom, Papst von 314–335. In seiner Regierungszeit vollzog sich die grundlegende Hinwendung des römischen Staates zum Christentum. Das Konzil von Nizäa, der Bau der Lateran- und Peterskirche sowie der Cömeterialkirche über der Priscilla-Katakombe, in der er seine letzte Ruhestätte fand, sind die wichtigsten Ereignisse während seines Pontifikates. Er starb am 31. Dezember 335. Dargestellt mit Tiara, einen Ochsen zu seinen Füßen, bei der Taufe des Kaisers Konstantins d. Gr. Patron der Haustiere, angerufen um ein gutes Futterjahr. Fest 31. Dezember.

Simon der Eiferer, Apostel. Missionierte in der jüdischen Diaspora. Er ist nicht gleichzusetzen mit Simon, dem „Herrenbruder". Über sein späteres Schicksal wissen wir nichts. Dargestellt am Kreuz oder mit einer Säge. Patron der Holzfäller. Fest 28. Oktober.

Sissi ↗Elisabeth

Sixtus II., regierte als Papst von 256/257–258 und starb als Märtyrer unter Kaiser Valerian. Er wurde in der Calixtuskatakombe beigesetzt. Dargestellt als Papst mit Schwert oder Geldbeutel für die Armen. Patron um Gedeihen von Trauben und Bohnen. Fest 7. August.

Sonja ↗Sophie

Sophie, Jungfrau und Märtyrin, vermutlich unter Kaiser Diokletian. Sie wurde an der Via Latina in Rom bestattet. Da ihr Festtag sich an die Eisheiligen anschließt, erhielt sie im Volksmund den Namen „Kalte Sophie". Fest 15. Mai.

Sören ↗Severin

Stanislaus von Krakau, geboren um 1030. Er wurde Priester und wirkte als Pfarrer und Kanonikus. 1072 wurde er zum Bischof von Krakau gewählt und wirkte als eifriger Seelsorger und Reformator, mußte den König Boleslaw II. exkommunizieren, der ihn daraufhin während der Messe in der St.-Michaels-Kirche am 11. April 1079 umbringen ließ. Im Jahre 1088 übertrug man seine Gebeine in die Kathedrale von Krakau. 1253 heiliggesprochen. Patron von Polen und der Diözese Krakau. Fest 11. April.

Stephan I. von Ungarn, geboren um 969, wurde mit 4/5 Jahren getauft und vermutlich von Adalbert von Prag gefirmt. 995 vermählte er sich mit Gisela, der Schwester Kaiser Heinrichs II. Seit 997 regierte er als Nachfolger seines Vaters und bemühte sich intensiv um die Christianisierung seines Landes. Er stiftete zahlreiche Klöster und gab dem Lande eine kirchliche Organisation. Im Jahre 1000 wurde er zum ersten König von Ungarn gesalbt und gekrönt. Er starb am 15. August 1038 und wurde in der von ihm errichteten Basilika in Stuhlweißenburg begraben. Bereits seit 1083 wird er als Heiliger verehrt. Der St. Stephanstag war bis 1948 Nationalfeiertag in Ungarn. Dargestellt mit Krone und Zepter oder Reichsapfel, auch mit Doppelkreuz und Marienfahne. Fest 16. August.

Stephanus, Erzmärtyrer, einer der sieben Diakone der Urgemeinde zu Jerusalem, den die Juden steinigten. Die Apostelgeschichte nennt ihn einen Mann voll des Hl. Geistes, voll Weisheit, Glaube und Gnade. Sein Grab bei Jerusalem wurde 415 entdeckt. 560 kamen Reliquien von ihm nach Rom und wurden in der Kirche S. Lorenzo fuori le mura beigesetzt. Seine Verehrung blieb bis heute lebendig. Dargestellt mit einer Palme in der einen, Steinen in der anderen Hand. Pferdepatron. Sein Festtag ist mit allerlei Volksbräuchen verbunden. Fest 26. Dezember.

T

Theresia von Ávila mit dem Beinamen die Große, geboren am 28. März 1515 in Ávila. Durch die Lektüre der Briefe des hl. ↗Hieronymus wurde sie für das Klosterleben gewonnen und trat 1535 in das Karmelitenkloster in Ávila ein. Sie führte ein Leben des Gebetes und der überstrengen Buße, wurde jedoch bald hoffnungslos krank. 1539 erlitt sie ein Koma, war vier Tage lang scheintot und blieb lange Zeit gelähmt. In der Folgezeit erlebte sie mystische Begnadungen, deren Höhepunkt eine „Bekehrung" vor dem Bilde des schwerverwundeten Christus war. 1556 feierte sie in einer Vision ihre geistliche Verlobung. Vier Jahre später legte sie das Gelübde ab, immer das Vollkommene zu tun. Das war der Ausgangspunkt ihrer reformerischen Wirksamkeit. Sie folgte dem Beispiel der karmelitanischen Einsiedler und ihrem Ratgeber, dem hl. Petrus von Alcántara, und entschloß sich, einige Einsiedlerinnenklöster zu gründen. Dieser Plan erregte großen Widerspruch. Der hl. Petrus von Alcántara erwirkte dazu die Erlaubnis von Rom. Dank der Mithilfe des hl. ↗Johannes vom Kreuz konnte sie trotz aller Widerstände ihr Reformwerk durchsetzen. Sie gilt mit Recht als die große Ordensreformerin und Mystikerin. Ihr mystisches Hauptwerk ist die „Seelenburg". Sie starb am 4. Oktober 1582. 1614 selig- und 1622 heiliggesprochen. Bereits 1617 wurde sie zur Patronin Spaniens erklärt. Sie wird dargestellt mit Herz, Buch oder Taube, besonders in mystischer Verzückung. Fest 15. Oktober.

Theresia von Lisieux (im Orden: Theresia vom Kinde Jesus), auch Kleine Theresia genannt, geboren am 2. Januar 1873 in Alençon (Normandie). Sie reiste 1887 nach Rom und erbat vom Papst die Erlaubnis, mit 15 Jahren in den Karmel eintreten zu dürfen. Mit päpstlicher Erlaubnis wurde sie bereits 1888 in den Karmel von Lisieux aufgenommen. Seit 1893 betreute sie die Novizinnen. 1895 brachte sie sich als „Ganzopfer" dar. Auf Geheiß ihrer Oberin verfaßte sie in ihrer letzten Krankheit eine Lebensbeschreibung, die uns Zeugnis gibt von ihrer großen Gottes- und Nächstenliebe, die „Geschichte einer Seele". Sie starb am 30. September 1897. Durch zahlreiche Wunder gefördert, verbreitete sich ihre Verehrung bald über die ganze Welt. 1923 wurde sie selig-, 1925 heiliggesprochen. Sie ist die Patronin der Karmelitenmissionen, seit 1927 Patronin der Weltmission. In Lisieux wurde ihr 1937 eine Basilika geweiht. Fest 1. Oktober.

Thomas, Apostel, nach den Berichten der Evangelien erklärte er seine Todesbereitschaft für Jesus, zweifelte aber bei der Nachricht von der Auferstehung des Herrn. Acht Tage später erschien ihm Jesus und der bisher „ungläubige Thomas" bekannte seinen Glauben mit den Worten: „Mein Herr und mein Gott." Thomas bezeichnete damit als Erster Jesus Christus ausdrücklich als Gott. Nach der Zerstreuung der Urgemeinde brachte Thomas das Evangelium zu den Parthern. Später soll er in Indien missioniert und dort als Märtyrer gestorben sein. Reliquien des Heiligen wurden im 3. Jahrhundert nach Edessa überführt. Sie kamen 1258 nach Chios, später nach Ortona an der Adria, wo sie noch heute verehrt werden. Dargestellt bei der Berührung der Wundmale Christi. Patron der Architekten, Zimmerleute, Bauarbeiter und Feldmesser. Fest 3. Juli.

Thomas von Aquin, geboren wahrscheinlich 1225 auf Schloß Roccasecca bei Neapel in der Diözese und Grafschaft Aquino. Um 1239 studierte er in Neapel, wo er den Dominikanerorden kennenlernte, in den er um 1243/44 gegen den Willen seiner Familie, die ihn zwei Jahre festsetzte und erst 1245 freiließ, eintrat. Von 1248–1252 war er Schüler des hl. ↗ Albertus Magnus in Köln. Von 1252–1259 lehrte er am Dominikaner-Studium in Paris und seit 1257 an der dortigen Universität. 1260 wurde er Generalprediger, 1265 Leiter des Kollegs von S. Sabina in Rom. In den Jahren 1269–1272 lehrte er wiederum in Paris und wurde dann beauftragt, ein Generalstudium zu errichten. Auf dem Wege zum 2. Konzil von Lyon starb er am 7. März 1274 in der Zisterzienserabtei Fossanova. 1323 erfolgte seine Heiligsprechung. Pius V. erhob ihn 1567 zum Kirchenlehrer. Seine Bedeutung für die Philosophie und Theologie ist außerordentlich groß. Er ist der einflußreichste Theologe der Scholastik. Dargestellt mit Buch, Kelch, Taube und Monstranz. Patron gegen Blitz und Sturm und aller katholischen Schulen. Fest 28. Januar.

Thomas Becket von Canterbury, geboren 1118 in London. Er wirkte seit 1155 als Kanzler Heinrichs II. von England und wurde 1162 Erzbischof von Canterbury. Als Bischof lebte er in mönchischer Einfachheit und setzte sich rückhaltlos für die Vorrechte und die Freiheit der Kirche ein. Nach Differenzen mit dem König mußte er 1164 nach Frankreich fliehen. Verhandlungen zwischen König, Papst und Erzbischof folgten. Am 30. November konnte er nach England zurückkehren, wurde jedoch bereits am 29. Dezember 1170 während der Vesper von Rittern des Königs erschlagen. Mönche und Volk verehrten ihn bald als Märtyrer der Freiheit der Kirche und des Papsttums. Er wurde 1173 heiliggesprochen. König Heinrich II. leistete 1174 an seinem Grabe öffentliche Kirchenbuße. Die Wallfahrt nach Canterbury blieb bis zur Reformation lebendig. Seine Verehrung breitete sich über ganz Europa aus. Dargestellt als Bischof mit Buch, mit Palme, mit Schwertern oder Kirchenmodell. Fest 29. Dezember.

Thomas Morus, geboren am 7. Februar 1478 in London. Er wurde in Oxford erzogen und widmete sich humanistischen Studien. Seit 1523 war er Sprecher des Unterhauses und wurde 1529 zum Lordkanzler ernannt. Drei Jahre später legte er, weil er mit den Ehescheidungsplänen und der Kirchenpolitik von König Heinrich VIII. nicht einverstanden war, sein Amt nieder. 1534 wurde er als Gegner der Oberhoheit des Königs über die Kirche verhaftet und trotz glänzender Verteidigung wegen Hochverrats verurteilt und am 6. Juli 1535 enthauptet. 1886 selig-, 1935 heiliggesprochen. Er gilt als Märtyrer der Kirchenfreiheit. Fest 22. Juni.

Timotheus, Schüler und Begleiter des hl. ↗Paulus. Er stammte aus Lystra, wurde vermutlich von Paulus auf seiner ersten Missionsreise bekehrt, war sein Mitarbeiter auf der 2. Missionsreise und begleitete seitdem den Apostel fast ständig. Paulus schätzte ihn von allen Mitarbeitern am meisten. Von den Pastoralbriefen sind zwei Briefe an Timotheus gerichtet. Nach der altkirchlichen Überlieferung hat Timotheus nach dem Tode des Apostels als erster Bischof in Ephesus gewirkt. Seine Reliquien wurden 356 von Ephesus in die Apostelkirche in Konstantinopel überführt. Dargestellt mit Keule und Steinen. Fest 26. Januar.

Tina ↗Katharina, Augustinus

Titus, Schüler und Mitarbeiter des hl. Apostel ↗Paulus. Er wurde von Paulus für das Christentum gewonnen und begleitete ihn zum Apostelkonzil nach Jerusalem. Im Jahre 57 sandte ihn Paulus nach Korinth. Um die Mitte der sechziger Jahre blieb Titus auf der Insel Kreta zurück, wo er als Bischof wirkte und nach der Überlieferung im Alter von 94 Jahren starb. Fest 26. Januar.

Toribio Mongrovejo, geboren 1538 in der Diözese Oviedo, kämpfte, insbesondere nachdem er 1579 Erzbischof von Lima wurde, für die Reform der Kirche in der Neuen Welt mit ungeheurem persönlichem Einsatz. Er starb 1606. Fest 23. März.

U

Ulrich von Augsburg, geboren 890 in Augsburg aus einem adligen Geschlecht. Er wurde in der Klosterschule von St. Gallen erzogen und 923 zum Bischof von Augsburg ernannt. Er war vorbildlich in seiner Lebensführung, förderte die Klöster und entfaltete eine segensreiche Tätigkeit als Bischof und als Reichsfürst. Erwarb sich besondere Verdienste durch seine Sorge für Kranke und Bedürftige. Er starb am 4. Juli 973 in Augsburg, beigesetzt in der St.-Afra-Kirche, später St. Ulrich genannt. Er ist Patron des Bistums und der Stadt Augsburg, Mitpatron des Erzbistums Paderborn, Winzer-, Wetter-, Wasser- und Reisepatron. Auch angerufen gegen Mäuse und Ratten. Fest 4. Juli.

Ursula, erlitt zusammen mit „11 000 Jungfrauen" das Martyrium. Ausgangspunkt ihrer Verehrung ist Köln. Nach der Legende war Ursula die Tochter eines britischen Königs. Sie und ihre Gefährtinnen starben vor Köln – durch heidnische Soldaten, die die Stadt belagerten – den Märtyrertod für Glauben und Reinheit. Die Zahl 11 000 beruht wahrscheinlich auf einem Lesefehler. Die ersten Zeugnisse der Ursulaverehrung stammen aus dem 8. Jahrhundert. Von Köln aus breitete sie sich über ganz Europa aus. Im 16. Jahrhundert stellte ↗Angela Merici ihre neue Gründung der Ursulinen unter den Schutz der hl. Ursula. Patronin der Jugend und verschiedener Universitäten. Dargestellt mit Pfeil und Palme, mit Kreuzesfahne, Mantel und Krone, auch als Schutzmantelfrau. Fest 21. Oktober.

Uschi ↗Ursula

V

Veronika von Jerusalem, nach der Legende war sie die jüdische Frau, die dem Heiland auf seinem Kreuzweg das Schweißtuch reichte. Der Heiland belohnte ihren Liebesdienst damit, daß er sein Antlitz in das Schweißtuch abdrückte. Dargestellt in der sechsten Station des Kreuzwegs. Veronika gehört zu den volkstümlichsten Heiligen des Spätmittelalters. Fest 4. Februar.

Vinzenz Ferrer, geboren um 1350 in Valencia, trat mit 17 Jahren in den Dominikanerorden ein, studierte in Lérida und Barcelona und wurde um 1375 Lehrer der Philosophie. Seit 1377 wirkte er als Prediger im Dienst der avignonesischen Päpste als einer der größten Bußprediger des Mittelalters. 1416 sagte er sich aber öffentlich von Papst Benedikt XIII. los und zog weiter als Bußprediger durch die Lande. Er starb am 5. April 1419 zu Vannes (Bretagne). Besonders verehrt wurde er in Spanien und Deutschland als Helfer in Krankheit und drohender Gefahr. Dargestellt als predigender Ordensmann mit einer Sonne auf der Brust. Patron der Dachdecker, Holzarbeiter und Bleigießer, auch Heiratspatron. Fest 5. April.

Vinzenz von Paul, geboren am 24. April 1581 in Pouy (seit 1828 in St-Vincent-de-Paul umbenannt). Er stammte aus einer Bauernfamilie und wurde 1600 zum Priester geweiht. Nach verschiedenen seelsorglichen Ämtern gründete er 1625 die Missionskongregation von Weltpriestern, deren Sitz später das Priorat St-Lazare (daher später Lazaristen genannt) wurde. Bereits 1617 hatte er das Gelübde abgelegt, sein Leben den Armen zu weihen. Noch zu seinen Lebzeiten breitete sich seine Kongregation in Polen und Italien, später auf ganz Europa aus. Besondere Verdienste erwarb er sich um die Errichtung von Priesterseminaren. Einflußreich wurde er auch durch die Gründung der „Töchter der Liebe", in Deutschland Vinzentinerinnen genannt. Er wurde der Erneuerer des religiösen Lebens in Frankreich im 17. Jahrhundert und der große Apostel der Caritas. Starb am 27. September 1660 in Paris. 1729 wurde er selig-, 1737 heiliggesprochen, 1885 ernannte ihn Papst Leo XIII. zum Patron aller Vereinigungen der Caritas. Seine Gebeine ruhen in der Lazaristenkirche zu Paris, sein Herz in der Kathedrale von Lyon. Patron der Hospitäler. Fest 27. September.

Vinzenz von Saragossa, Märtyrer, lebte im 3. Jahrhundert. Er war Archidiakon des Bischofs Valerus von Saragossa und wurde wahrscheinlich 304 zu Tode gemartert. Seine Verehrung entwickelte sich besonders im Frühmittelalter. Er ist Patron von Portugal, der Holzfäller, Winzer und Seeleute. Dargestellt als jugendlicher Diakon mit Palme und Buch, mit Kreuz oder Traube, auch mit Rost und eisernem Haken. Häufig auch zusammen mit den Diakonen ↗Stephanus und ↗Laurentius dargestellt. Fest 22. Januar.

Virgil, wurde um 700 in Irland geboren. Er verließ um 742 Irland als Pilger und kam 743 an den Hof Pippins d. J. Herzog Odilo von Bayern beauftragte ihn mit der Verwaltung des Bistums Salzburg. Um 755 erhielt er die Bischofsweihe. Er überführte 774 die Reliquien des hl. ↗Rupert in die von ihm erbaute Kathedrale und wirkte erfolgreich für die Bekehrung der Slawen in Kärnten. Er starb am 27. November 784 in

Salzburg. 1233 wurde er heiliggesprochen. Dargestellt mit doppeltürmigem romanischem Dom. Patron in Geburtsnöten. Fest 24. September.

Vreneli ↗Veronika

W

Walburga, geboren um 710, Tochter des angelsächsischen Königs Richard und Schwester der hll. ↗Willibald von Eichstätt und Wunibald. Sie wurde zusammen mit der hl. ↗Lioba im Kloster Wimborn (Südengland) erzogen und vom hl. ↗Bonifatius zusammen mit Lioba und Thekla als Helferin bei der Mission nach Deutschland gerufen. Sie wirkte zuerst unter Lioba in Tauberbischofsheim, später als Äbtissin in Heidenheim, wo sie nach Wunibalds Tod 761 die Leitung des Doppelklosters übernahm. Die Abtei entwickelte sich unter ihrer Leitung zu einer Stätte der Bildung und der Wohltätigkeit. Sie starb am 25. Februar 779. 870 kamen ihre Gebeine nach Eichstätt in die nach ihr benannte Klosterkirche St. Walburg. Zahlreiche Kirchen und Kapellen in Europa tragen ihren Namen, Städte, Dörfer, Klöster und Bruderschaften wählten sie zur Patronin. In Walberberg bei Bonn wird ihre Gehirnschale verehrt. Sie gehört zu den volkstümlichsten Heiligen des Mittelalters. Dargestellt als Äbtissin mit Stab und Regelbuch. Patronin gegen Augenleiden und der Wöchnerinnen, auch Patronin der Bauern. Fest 25. Februar.

Wendelin, lebte im 6. Jahrhundert zur Zeit des Bischofs Magnerich von Trier (gestorben 596) als Einsiedler im fränkischen Raum. Nach der Legende war er iroschottischer Königssohn, der als Einsiedler, Hirte und später als Abt von Tholey wirkte. Seine Ruhestätte fand er im Ort St. Wendel (Saar), der bereits um 1050 nach ihm benannt ist. Sein Grab wurde zu einem bedeutenden Wallfahrtsort. Wendelin gehört zu den volkstümlichen Heiligengestalten. Dargestellt als Mönch, Pilger, Hirt und Abt. Er ist Patron bei Pest, Schutzherr für Flur und Vieh, über 1500 Kirchen und Kapellen sind ihm geweiht. Fest 20. Oktober.

Wenzel, geboren um 903/905. Er war ein Enkel der hl. Ludmilla. 921 mußte er, nach dem Tode des Vaters, die Regentschaft als Herzog von Böhmen übernehmen, bemühte sich um die religiöse und kulturelle Hebung seines Volkes. Er starb am 28. September 929 oder 935 durch

Mord. Schon bald nach seinem Tode setzte seine Verehrung ein. Sein Leichnam wurde in der von ihm erbauten St.-Veits-Kirche auf der Prager Burg beigesetzt. Verehrt als Landespatron Böhmens. Dargestellt mit Herzogshut, Banner und Schild. Fest 28. September.

Willibald von Eichstätt, geboren 700 in Südengland aus vornehmer angelsächsischer Familie. 720 pilgerte er mit seinem Vater und seinem Bruder nach Rom, 723 ins Hl. Land und 727 nach Byzanz. Von 730–739 lebte er als Mönch im Benediktinerkloster Montecassino. Papst Gregor III. sandte ihn 739 in die deutsche Mission. Bonifatius weihte ihn 740 in Eichstätt zum Priester und 741 in Sülzenbrücken bei Erfurt zum Bischof. Er missionierte im Gebiet zwischen Donau und Regnitz. Stützpunkte seiner Missionsarbeit waren neben Eichstätt die 752 gegründete Abtei Heidenheim. Er starb am 7. Juli 787 (?) in Eichstätt. Dargestellt als Bischof mit Rationale. Er ist Patron des Bistums Eichstätt. Fest 7. Juli.

Willibrord, geboren 658 in Northumbrien. Er wurde Oblate im Kloster Ripon und ging 690 mit elf Gefährten in die Friesenmission, stellte sich unter den Schutz der fränkischen Staatsgewalt, holte sich auch bei Papst Sergius I. Missionsvollmacht. 695 wurde er vom Papst zum Erzbischof der Friesen geweiht. Er errichtete in Utrecht seine Kathedralkirche. Wichtiger Stützpunkt seiner Missionsarbeit wurde seit etwa 700 das Kloster Echternach. Er starb am 7. November 739 in Echternach, wo sich auch sein Grab befindet. Patron der Kirchenprovinz Utrecht. Fest 7. November.

Winfrid ↗Bonifatius

Wolfgang, geboren um 924 in Nordschwaben, wurde Domdekan und Kanzler in Trier. 965 trat er in das Benediktinerkloster Einsiedeln und ging 971 als Missionar nach Ungarn. Bereits 972 erhielt er seine Ernennung zum Bischof von Regensburg. Er bemühte sich erfolgreich um die Klosterreform und setzte auch als Bischof sein strenges mönchisches Leben fort. Er starb am 31. Oktober 994 in Pupping (Oberösterreich) und wurde in St. Emmeram in Regensburg beigesetzt. Seine Verehrung breitete sich rasch aus. 1052 wurden seine Gebeine durch Papst Leo IX. erhoben. 1471 schuf Michael Pacher den berühmten Altar in St. Wolfgang am Wolfgangsee mit Darstellungen aus dem Leben Wolfgangs und Mariens. Seit dem 15. Jahrhundert wird Wolfgang als allgemeiner Nothelfer verehrt. Er ist Patron der Holzhauer, Zimmerleute, Hirten und Schiffer. Angerufen bei Augenkrankheiten und Fußleiden. Dargestellt als Rodungsheiliger mit Kirche und Beil. Fest 31. Oktober.

X/Y/Z

Xaver ↗Franz Xaver

York ↗Georg

Zacharias, Gemahl der hl. ↗Elisabeth und Vater des hl. ↗Johannes des Täufers. Er zweifelte, als ihm ein Engel die Geburt eines Sohnes ankündigte und wurde deswegen mit Stummheit bestraft. Erst nach der Geburt und der Namensgebung des Johannes konnte er wieder reden und sang das Benedictus. Die Nachricht über seine Ermordung durch Herodes ist legendär. Er wird als Heiliger verehrt. Fest 15. März.

Literaturhinweis: Wenn Sie noch mehr über unsere Heiligen wissen möchten, dann empfehlen wir Ihnen das von Jakob Torsy herausgegebene Buch „Der große Namenstagskalender" mit 3550 Namen und 1540 Lebensbeschreibungen (Einsiedeln/Freiburg 1976). Zu beziehen durch jede Buchhandlung, einzusehen in vielen Pfarrbüchereien (Bestell-Nummer 3-451-17131-7).

Die beweglichen Feste der Jahre 1982 bis 1987

Feiertag	1982	1983	1984	1985	1986	1987
Aschermittwoch	24. Febr.	16. Febr.	7. März	20. Febr.	12. Febr.	4. März
Ostern	11. April	3. April	22. April	7. April	30. März	19. April
Christi Himmelfahrt	20. Mai	12. Mai	31. Mai	16. Mai	8. Mai	28. Mai
Pfingsten	30. Mai	22. Mai	10. Juni	26. Mai	18. Mai	7. Juni
Fronleichnam	10. Juni	2. Juni	21. Juni	6. Juni	29. Mai	18. Juni
Christkönigsfest	21. Nov.	20. Nov.	25. Nov.	24. Nov.	23. Nov.	22. Nov.
1. Advent	28. Nov.	27. Nov.	2. Dez.	1. Dez.	30. Nov.	29. Nov.
Wochentag des 25. Dezember	Samstag	Sonntag	Dienstag	Mittwoch	Donnerstag	Freitag

Die beweglichen Feste der Jahre 1988 bis 1993

Feiertag	1988	1989	1990	1991	1992	1993
Aschermittwoch	17. Febr.	8. Febr.	28. Febr.	13. Febr.	4. März	24. Febr.
Ostern	3. April	26. März	15. April	31. März	19. April	11. April
Christi Himmelfahrt	12. Mai	4. Mai	24. Mai	9. Mai	28. Mai	20. Mai
Pfingsten	22. Mai	14. Mai	3. Juni	19. Mai	7. Juni	30. Mai
Fronleichnam	2. Juni	25. Mai	14. Juni	30. Mai	18. Juni	10. Juni
Christkönigsfest	20. Nov.	26. Nov.	25. Nov.	24. Nov.	22. Nov.	21. Nov.
1. Advent	27. Nov.	3. Dez.	2. Dez.	1. Dez.	29. Nov.	28. Nov.
Wochentag des 25. Dezember	Sonntag	Montag	Dienstag	Mittwoch	Freitag	Samstag

Bücher

die meinem Leben Richtung gaben:

Notieren Sie sich zu Autor und Titel auch den Zeitpunkt der Lektüre!

Taschenbücher helfen leben

Weiterführende Literatur

Die Zahlen hinter den Titeln nennen die Bandnummer der Herderbücherei

Adoption
Wagnerová, A., Wir adoptieren ein Kind (Nr. 808)

Aggressionen
Meves, Ch. / Illies, J., Mit der Aggression leben (Nr. 536)

Älter werden
Ledergerber, K., Worauf es im Alter ankommt (Nr. 779)
Tournier, P., Die Chance des Alters (Nr. 670)

Alternativ leben
Winter, F. G., Der Wachstums-Komplex (Nr. 764)
Adieu, ihr Städte! (Nr. 9519)

Angst und Depression
Braasch, F., Warum Angst? (Nr. 804)
Cheavens, F., Schach der Depression (Nr. 649)

Behinderten-Schicksal
Thimm, W., Mit Behinderten leben (Nr. 604)

Berufstätigkeit der Frau
Baehrle, I. M., Neuer Start mit 35 (Nr. 737)
Kutsch, M., Die Frau im Berufsleben (Nr. 713)

Ehekrisen
Fischaleck, R., Faires Streiten in der Ehe (Nr. 644)
Meves, Ch., Ich will mich ändern (Nr. 885)
Meves, Ch., Ehe-Alphabet (Nr. 485)
Rocholl-Gärtner, I., Müssen wir uns trennen? (Nr. 907)

Einsamkeit
Härlin, C., Der isolierte Mensch (Nr. 572)

Entspannung und Sport
Harf, A., Yoga-Praxis (Nr. 639)
Harf, A., Bewußter leben (Nr. 911)
Rösch, H.-E., / Lautwein, Th., Sport in der Familie (Nr. 870)

Erziehungsschwierigkeiten
Baumann, J.,/Belgardt, K. A.,/Wöbcke, M., Müssen Kinder Sorgen machen? (Nr. 726)
Oertel, F., Kleiner Mann wächst heran (Nr. 792)
Meves, Ch., Manipulierte Maßlosigkeit (Nr. 401)
Schetelig, H., Kindernöte – verstehen und helfen (Nr. 922)

Familienkonflikte
Fuchs, A., Ist die Familie noch zu retten? (Nr. 859)
Ruthe, R., Spielregeln für die ganze Familie (Nr. 894)
Winkler, G., Schluß mit dem Familienkrieg (Nr. 712)
Was die Familie zusammenhält (Nr. 778)
Ziegner, A., Das ist mal wieder typisch! (Nr. 913)

Fernsehsucht der Kinder
Pfeiffer, K.-H., Unsere Kinder vor dem Bildschirm (Nr. 483)

Feste feiern und vorbereiten
Abeln, R., Frohe Feste – liebe Gäste (Nr. 921)
Eckert, A., u. G., Heute backen wir (Nr. 818)
Eckert, A. u. G., Hilfe – ich muß kochen! (Nr. 749)

Gebet und Meditation
Rahner, K., Von der Not und dem Segen des Gebetes (Nr. 647)
Sartory, G. u. Th., Erfahrungen mit Meditation (Nr. 588)

Geschwisterstreit
Ruthe, R., Zum Teufel mit der Eifersucht (Nr. 563)

Glaubenskrise
Glaubensverkündigung für Erwachsene. Holländischer Katechismus (Nr. 382)
Rahner, K.,/Weger, K.-H., Was sollen wir noch glauben? (Nr. 700)
Wer glaubt, denkt weiter (Nr. 550)

Haustiere
Meves, Ch.,/Illies, J., Geliebte Gefährten (Nr. 845)

Hilfe leisten
Meves, Ch., Kleines ABC für Seelenhelfer (Nr. 810)
Thomas, K., Wirksam helfen – aber wie? (Nr. 560)

Jugendkrise
Dietz, H., Haben wir denn noch Zukunft? (Nr. 925)
Die elternlose Generation (Nr. 9527)
Kerstiens, L., Versteht uns doch! (Nr. 740)
Meves, Ch.,/Ortlieb, H.-D., Die ruinierte Generation (Nr. 910)
Stevens, A.,/Freeman, L., Ich hasse meine Eltern (Nr. 513)

Persönlichkeitsgestaltung
Bodamer, J., Der Mensch ohne Ich (Nr. 846)
Mangoldt, U. v., Wer bin ich? (Nr. 626)
Tournier, P., Durchbruch zur Persönlichkeit (Nr. 621)

Rechtsfragen des Alltags
Avenarius, H., Kleines Rechtswörterbuch (Nr. 890)

Schulschwierigkeiten
Abeln, R., Wenns mit der Schule Ärger gibt (Nr. 866)
Affemann, R., Der Mensch als Maß der Schule (Nr. 702)
Reischmann, J., Leichter lernen – leicht gemacht (Nr. 659)
Ruthe, R., Faulheit ist heilbar (Nr. 520)
Schoeck, K., Schülermanipulation (Nr. 565)
Zielke, W., Konzentrieren – keine Kunst (Nr. 553)

Selbsterziehung
Bodamer, J., Das wiedergewonnene Ich (Nr. 882)
Rautenberg, W., / Rogoll, R., Werde, der du werden kannst (Nr. 776)
Rogoll, R., Nimm dich, wie du bist (Nr. 593)

Selbstmordgefahr
Thomas, K., Warum weiter leben? (Nr. 610)

Selbstvertrauen gewinnen
Bodamer, J., Vertrauen zu sich selbst (Nr. 541)
Hommes, U., Dem Leben vertrauen (Nr. 811)

Sexualität und Aufklärung
Affemann, R., Sexualität im Leben junger Menschen (Nr. 661)
Huppertz, M. u. N., Geliebte Kinder – liebende Kinder (Nr. 883)
Meves, Ch., / Illies, J., Lieben – was ist das? (Nr. 362)

Sinn des Lebens
Fabry, J. B., Das Ringen um Sinn (Nr. 657)
Frankl, V. E., Das Leiden am sinnlosen Leben (Nr. 615)
Grom, B., / Schmidt, J., Auf der Suche nach dem Sinn des Lebens (Nr. 519)
Lukas, E., Auch dein Leben hat Sinn (Nr. 825)
Lukas, E., Auch deine Familie braucht Sinn (Nr. 864)

Sterben
Heimgang. Orientierungen auf dem letzten Weg (Nr. 820)
Kautzky, R., Sterben im Krankenhaus (Nr. 561)
Thomas, K., Warum Angst vor dem Sterben? (Nr. 784)

Streß-Situationen
Braasch, F., Nütze deine besten Stunden (Nr. 675)
Ruthe, R., Streß muß sein (Nr. 617)

Traumdeutung
Harre, K., Träume weisen dir den Weg (Nr. 865)

Wechseljahre
Oehler, J., Des Lebens bessere Hälfte (Nr. 754)

Wörterbücher für Helfer
Ch. Michel / F. Novak, Kleines psychologisches Wörterbuch (Nr. 514)
E. Seidler (Hrsg.)Wörterbuch medizinischer Grundbegriffe (Nr. 706)
J. A. Keller / F. Novak, Kleines pädagogisches Wörterbuch (Nr. 743).

WEGZEICHEN

die neue Taschenbuch-Reihe, die dem Leser hilft, bewußter, gesünder, freier und glücklicher zu leben. Nach einer Infratest-Untersuchung suchen rund 10 Millionen Erwachsene quer durch alle Generationen und Bildungsschichten nach solcher Lektüre. Die Wirtschaftskrise mit ihren Folgen dürfte diesen Trend noch verstärken. Immer mehr Menschen kommen zu der Einsicht, daß eine Versorgungshaltung sehr risikoreich ist. Die Bände dieser neuen Reihe regen darum ganz konkret dazu an, das Leben aus eigener Kraft zu gestalten. Sie bieten keine billigen Anpassungsrezepte, sondern zeigen, wie man sich selbst verändern kann, um seines eigenen Glückes Schmied zu werden. Der Einzelne ist mächtiger als er denkt. Die Autoren, bekannte Therapeuten und Berater, zeigen das an vielen Beispielen aus ihrer Erfahrung. Im Jubiläumsjahr ist diese Konzeption ein neuer Beweis dafür, daß die Herderbücherei die führende Taschenbuchreihe in allen Fragen der Lebensorientierung ist. Die ersten Bände:

Was meinem Leben Richtung gab
33 Prominente aus Literatur, Politik, Sport, Kultur und Kirche über schicksalhafte Wendepunkte in ihrem Leben. (Nr. 940 / April)

Marion Weber
Mit sich selbst in Einklang kommen
Vom besseren Umgang mit sich selbst.
Eine Einführung in die Gestaltpsychologie. (Nr. 941 / April)

Knut Eike Buchmann
Nimm Dein Schicksal in Deine Hand
Seelische Gesundheit durch Selbstverantwortung. (Nr. 948 / Mai)

Roman Bleistein
Freizeit ohne Langeweile
Wege zu einer erfüllenden Freizeitgestaltung. (Nr. 959 / Juli)

Dr. med. Theo Raspe
Die Natur heilt besser
Homöopathie als Lebenshilfe. Mit vielen Anwendungsbeispielen.
(Nr. 965 / August)

Ulrich Beer
Besser leben, weniger brauchen
Lebens*quantität* aufgeben, um Lebens*qualität* zu gewinnen.
(Nr. 971 / September)